さまよえるアフガニスタン　鈴木雅明

花伝社

さまよえるアフガニスタン◆目次

Ⅳ章　アフガンの夏◆89

Ⅴ章　タリバンとはなんであったか◆117

カバー写真――並河萬里

アフガニスタン要図

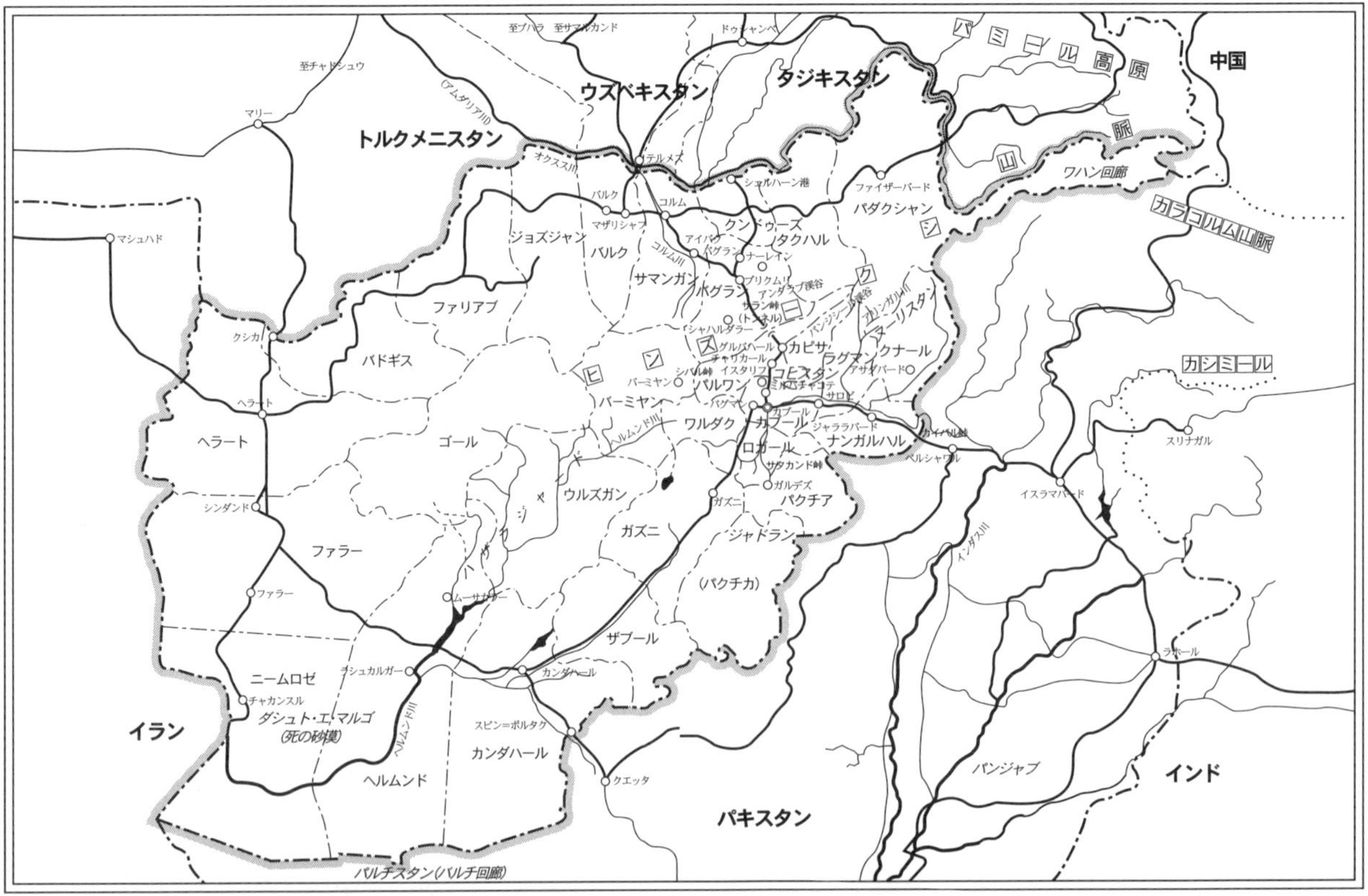

中国
パミール高原
タジキスタン
ウズベキスタン
トルクメニスタン
至ブハラ
至サマルカンド
至チャドジュウ
ドゥシャンベ
マリー
(アムダリア川)
テルメズ
オクスス川
シェルハーン港
ファイザーバード
ワハン回廊
山脈
カラコルム山脈
パダクシャン
バルク
マザリシャフ
コルム
クンドゥーズ
タクハル
アイバク
バグラン
ナーレイン
ジョズジャン
バルク
サマンガン
バグラン
コルム川
プリクムリ
アンダラブ渓谷
サラン峠
(トンネル)
ヒンズークシ
パンジシール渓谷
アリンガル川
ヌーリスタン
カピサ
ラグマン
クナール
アサダバード
グルバハール
チャリカール
シバル峠
イスタリフ
コヒスタン
ミルバチャコテ
バーミヤン
パルワン
バーミヤン
パグマン
カブール
サロビ
ワルダク
カブール
ジャララバード
ナンガルハル
ロガール
カイバル峠
ペルシャワル
サタカンド峠
ガルデズ
パクチア
ガズニ
ジャドラン
ガズニ
ウルズガン
(パクチカ)
ザブール
ハザラジャート
ヘルムンド川
マシュハド
クシカ
ファリアブ
バドギス
ヘラート
ヘラート
ゴール
シンダンド
ファラー
ファラー
ムーサカラー
ギシュカルガー
カンダハール
ニームロゼ
チャカンスル
ダシュト・エ・マルゴ
(死の砂漠)
ヘルムンド川
スピン＝ボルダク
カンダハール
ヘルムンド
クエッタ
イラン
パキスタン
バルチスタン(バルチ回廊)
カシミール
スリナガル
イスラマバード
インダス川
ラホール
パンジャブ
インド

はじめに

二〇〇一年九月一一日に米国で起きた同時テロで、忘れ去られていたアフガニスタンが突然、世界の脚光を浴びた。テロの首謀者とされるウサマ・ビンラーディンがアフガニスタンに匿われていたからだ。秘境と呼んでもいい地の果ての国での出来事が、連日のテレビニュースとなった。私も食い入るようにテレビ画面をみつめた。

最後にアフガニスタンを訪れたのは、一九九〇年二月のことだった。読売新聞の記者として、当時の国内情勢を取材に行ったのだ。その時点で、内戦は一〇年以上に及び、首都カブールでは多くの建物が破壊され、人々は暗い表情をしていた。テレビに映し出された光景を見ると、破壊がもっと進んでいた。私は、この国をただ単純に大好きだ。だから、テレビは私を悲しくさせた。

アフガニスタンを初めて訪れたのは、一九八〇年四月だった。七九年一二月にソ連軍がアフガニスタンに侵攻し、世界を驚かせた。隣国イランでは、ホメイニ革命が進行しており、この地域一帯が冷戦下の緊張とともに騒然としていた時期である。

このころもアフガニスタンは世界の注目を集め、新聞社は総動員態勢で、この戦争のカバーにあたった。私は当時、本社の命令で、駐在していたジャカルタから飛ばされた。通常は東南アジアを担当している記者が、行ったことも、考えたこともない国に放り込まれても何もわかるわけがない。だが、街を歩いていると、色々な人が話しかけてくる。カブールの郊外から砲撃の音が響いてくる緊張した空気があるにもかかわらず、彼らはしぶとく生きていた。私はすぐにアフガン人を好きになった。素朴で温かい人々なのだ。そして、壮大なヒンズークシの山々に圧倒され、褐色の砂漠と緑の農地のくっきりとした色彩のコントラストの美しさに目を奪われた。

私のアフガニスタンとのつきあいは、それ以来である。だが、この国に実際に足を踏み入れたのは、一九八〇年の二回、のべ二か月余りと一九九〇年の一週間だけである。それ以外では、八〇年代後半テヘランに駐在していたとき、イランに逃げてきた難民や出稼ぎ者、反政府組織のメンバーとのつきあいが続いた。アフガニスタン周辺の中央アジア諸国やパキスタンでも、アフガン人たちと先の見えない暗い現実をぼそぼそと語り合ったものだ。中東に駐在していたころには、イスラム原理主義の過激な行動が中東諸国に広がり、対ソ連戦の志願兵としてアフガニスタンへ渡った経験のあるアラブ人が、その活動に常に関わっていた。ビンラーディンもその一人である。この時期には、アラブから見たアフガニスタンに注意を払うことになった。

気が付いてみれば、実に雑然とだがアフガニスタンをずいぶん色々な角度から眺めてきた。アフガニスタンとは、一体どんな国なのだろうか。征服者たちが次々と訪れ、アフガン人たちは、その度に抵抗し大地には多くの血がしみ込んでいる。なぜ、彼らは闘うのか。こんな国に本当に平和がやって来るのか。これまで世界から孤立し、閉鎖されていたアフガニスタンという国には、様々な問いかけがなされるだろう。それは私自身への問いかけでもあり、答えの模索にもがいた結果が、この本である。

私はアフガニスタンの研究者ではない。あくまでもジャーナリストである。歴史について著述している部分も、過去をルポする気分で書いている。専門家の方々からすれば承服し難い部分もあるだろうが、それがジャーナリストの手法であり、アプローチが異なると受け流して頂きたい。

二〇〇一年一一月には、狂信的なイスラム集団タリバンの政権が崩壊し、一二月には国際社会の支援で、将来の民主国家樹立のための暫定行政機構が発足した。アフガニスタンの歴史が大きく転換し始めた。これは実験である。アフガニスタンばかりでなく、民主化、近代化で遅れをとっているイスラム世界全体の実験である。血塗られたアフガニスタンの歴史に終止符が打たれることを祈りたい。

I章　ヒンズークシの山々

写真提供：日本・アフガニスタン協会

アフガニスタンという国

首都カブールの夏の名物は、アイスクリームである。アイスクリームといっても、冷凍ケースに入っているカップ入りや、小ぎれいな店で、機械からにょろにょろ出てくるソフトクリームを連想してはいけない。もっと野性的なのである。

街の通りで、決して清潔とは言えない大きなたらいに、ロバで引いてきた荷車に積んだ万年雪をシャベルで放り込み、ミルクを流し込んで、それを髭面の腕の太い男が棍棒でかき回す。乾燥した家畜の糞が混じった土埃が舞う中で、瞬く間にアイスクリームが出来上がる。先進国の「清潔」という純粋培養の中で育った人々の胃腸には、多少問題があるかもしれないが、この豪快な素朴さは、まさにアフガニスタンの味である。

万年雪は、カブールの北方に連なるヒンズークシ山脈から運ばれてくる。アフガニスタンを東西に背骨のように貫くヒンズークシ山脈は、アイスクリームどころか、水の最大の供給源であり、この国に住む人々の生活に様々な恩恵と影響を及ぼしてきた。この山脈こそが、アフガニスタンという国の性格を決定付けたと言ってもいいだろう。

アフガニスタンの国土は、南北は北緯二九度三〇分から三八度三〇分、日本の東北地方と沖縄地方の間にあたる。東西は東経六〇度三〇分から七五度に位置し、面積六四万七五〇〇平方キロ、日本の一・七倍の広さを持つ。ちょうど木の葉のような形をしており、中国、パキスタン両国が接する地点から伸びる細長い北東端のワハン回廊と呼ばれる地域は、木の葉の茎にみえる。

ヒンズークシ山脈は、この茎の部分を通って、アフガニスタン南西部へ次第になだらかに連なって、広大な砂漠地帯へと消えていく。全長は、約八〇〇キロ、幅は約二四〇キロに及ぶ。

山脈の東部はパミール高原に接し、主としてパキスタン領に属し、世界第二の高峰K２（標高八六一一メートル）が座すカラコルム山脈につながる。ヒンズークシの高峰は東部に集中し、七〇〇〇メートル以上が二四座、最高はパキスタン領内のティリチミール山（七七〇八メートル）で、隣接するノシャック山（七四八五メートル）が、アフガニスタン領内の最高峰である。この一帯は、氷河で知られている。また、アジア型モンスーン気候の限界に位置し、雨と雪の冬、乾燥した夏で性格付けられる。

山脈の中央部は、カブールの北方一帯まで続き、標高三〇〇〇メートルから五〇〇〇メートルのごつごつした岩山が連なる。東部ほどではないが、氷河が散在している。ヒンズークシの西部は、巨大石仏で有名なバーミヤン付近から、いくつもの支脈に分かれて、その末端の一部は、イラン国境近くまでたどりつく。

ヒンズークシ山脈とその支脈によって、アフガニスタンは大ざっぱに、地理的に異なった三つの地域に分けることができる。

第一は、海抜約一八〇〇メートルの首都カブールを含めた中央高地である。東部の主要都市ジャララバード、その先のパキスタン国境となる有名なカイバル峠も、この地域に入る。峡谷と峻厳な山々に囲まれ、海抜三〇〇〇メートルから四五〇〇メートルに位置する。高峰は六〇〇〇メートル以上に達する。中央高地北東部のバダクシャン地方は地震の巣である。ヒンズークシは世界の屋根、ヒマラヤ山脈につながっており、その褶曲運動が続いているからだろう。

第二は、ヒンズークシ山脈北側の北部平原である。北東部のタジキスタン国境に面したパミール高原のふもとから、北西部のイラン国境近くまでの一帯で、平均で海抜六〇〇メートルに位置する。この地域は、広大な中央アジアにつながる草原の一部を成し、北隣りのタジキスタン、ウズベキスタンとの国境を流れるアムダリア川へ向かって、緩やかに傾斜している。ヒンズークシ山脈からの豊富な水が河川を形成し、アフガニスタン農業の中心となる肥沃な土地である。この地域の中心は、アフガン人のイスラム信仰上は聖都であり、商業的にも重要なマザリシャリフである。

第三は、平均高度海抜九〇〇メートルの南西部台地である。かつてイスラム文明の中心になったこともある古都ヘラートから、国際的テロリスト、ウサマ・ビンラーディンと緊密な関係を持ったタリバンの本拠地だったカンダハールに至る乾燥した砂漠地帯だ。このうちの四分の一は、文字通り不毛の砂に覆われたレゲスタン砂漠である。ヒンズークシからの豊富な水を運ぶ川も、この地域では、最後に砂漠の中に消える「末無し川」となる。

アフガニスタンと周辺国

アフガニスタンは多民族国家である。その最大かつ支配的民族はパシュトゥン人であり、彼らは、この南西部の現在のパキスタンとの国境付近を本来の居住地域としていた。そこまでたどり着くヒンズークシの水を、いかに使うかが、パシュトゥン人の生活を律してきた。そして、現在に至るその伝統が、アフガニスタンを実質的に支配したにもかかわらず、国際社会から奇異の目で見られたタリバンの思考の母体となっている。

そこに踏み込む前提として、アフガニスタンという国とそこに住む人々のアウトラインを描いておこう。

日本の外務省では、アフガニスタンは中東二課というところが担当している。アラビア半島、イラン、イラクなどの担当と同じセクションである。アフガニスタンを中東の範囲に含めることは、決して間違ってはいない。アフガニスタンの公用語は、多数民族パシュトゥン人のパシュトゥ語と、それより、はるかに広範に使われているダリ語、つまりイランとほとんど同じペルシャ語である。そして、国民の信仰は、中東世界を根本的に性格付けているイスラム教である。一九七九年一二月のソ連によるアフガニスタン軍事侵攻をイスラムに対する敵対行為とみなした中東諸国は、軍事支援を含めた様々な援助を反政府勢力に与えた。アフガニスタンは、中東イスラム世界の紐帯としっかり結びついている。

日本の新聞社では、インドの首都ニューデリーに駐在する特派員が、主として、アフガニスタンの出来事を報じている。南西アジアの地政学は、インドとパキスタンという二つの国の状況次第で変化する敵愾心の濃淡で動いている。南西アジアの全体状況の中で、アフガニスタンは、その政治ゲームの中の重要な駒である。こうして、アフガニスタンを南西アジアの一国とみなし、かつ、航空便などの交通事情を考慮すると、ニューデリーが取材に最も好都合である。アフガニスタンを南西アジアの範疇で報じる日本の新聞社のシステムも、その意味で合理的判断に基づいて作動している。

だが、アフガニスタンは、中東ないし南西アジアからの視点だけでは理解し切れない。なぜなら、アフガニスタンは中央アジアの国でもあるからだ。実は、そんなことは、歴史的にも、文化人類学的にも自明の理ではあったのだが、政治的には、その当たり前の思考が閉ざされていた。ソ連の存在があったからであり、冷戦の時代が存在していたからである。

ソ連が崩壊した一九九一年までは、アフガニスタンとソ連支配下の中央アジア諸国との国境は、東西冷戦の最前線であり、冷戦的思考では、アフガニスタンと中央アジアとの深くて長い歴史的つながり、さらに、そこから当然考慮されるべき地理的広がりを見る視点が、ひどく限定されていた。

同じことは、西側ばかりでなく、長い歴史からすれば、たかだか五〇年のソ連支配下の世界でも言える。

旧ソ連のウズベク共和国、現在のウズベキスタンの首都タシケントで会った元ソ連軍兵士の体験は、それを如実に示していた。

その元兵士は、ウズベク人で首都から遠く離れたフェルガナ州に住んでいた農民だった。一九八三年に一兵卒として、ソ連軍が侵攻したアフガニスタンに行ったのが、初めての外国だった。彼が驚いたのは、初めての外国で、自分と同じ容貌、同じ言葉を話す多くの人々と会ったことだった。同じウズベク人だから当然なのだが、冷戦という壁は、国境の向こうに同じ民族が住んでいるということを想像だにさせなかった。当時、アフガン人はソ連の侵略軍に対し、激しい抵抗運動を続けていた。異国の同胞は、「同じウズベク人なのに、なぜソ連軍に入ったのか」と詰め寄ってきたという。

一九九一年のソ連の崩壊、それに続くソ連支配下にあった中央アジア各共和国の独立によって、中央アジアの広大な地平は外部世界に開かれ、アフガニスタンも、この複雑な民族構成の地域の一部を成していることが、やっと目に見えるものとして認識された。

だが、もちろん、冷戦時のソ連当局、政策決定者たちは、中央アジアの南につながるアフガニスタンをはじめとする地域を、もっと冷徹に、戦略的にうかがっていた。これについては、後の章で詳しく言及しなければならない。

人

アフガニスタンは多民族国家である。全人口は、二〇〇一年七月時点での推計で二六八〇万人である。このうち最大多数の民族はアーリア系のパシュトゥン人で三八％を占める。アフガン人とも呼ばれ、アフガニスタンとはアフガン人の国を意味し、その名の通り、この国の支配民族である。

その由来は、はっきりしないが、一〇世紀に、ヒンズークシ山脈東南部のはずれに位置するガズニの付近に、遊牧民で当時から「パシュトゥ」あるいは「アフガン」と呼ばれた部族が居住していたことが知られている。一三世紀から一六世紀にかけて、一部の部族は、現在のパキスタン方面へ移住した。

一八九三年に、当時、この地域でロシアと覇権を競っていた大英帝国が、インドの北西部国境を確定するために、現在のアフガニスタンとパキスタンの国境を成す有名なデュランド・ラインを画定した。これによって、パシュトゥン人は国境の両側に住むことになった。パキスタン側ではパタン人と呼ばれ、アフガニスタン国内の二倍近くの人口を擁している。一九五〇年代から六〇年代にかけて、国境の両側のパシュトゥン人が自治権拡大の運動を起こし、アフガニスタン政府がこれを容認ないし支持したため、パキスタンとの関係が緊張した。近年になって登場したタリバンをパキスタンが支援したのは、彼らがパシュトゥン人主体であり、その政権との緊密な関係を維持できれば、パキスタンは敵対するインドと戦争状態になった場合、後背地を確保できるからだ。

パシュトゥン人は、それぞれの部族を中心に生活している。六〇の主要部族があるとされ、その内部がさらに小さな部族単位に分かれている。部族は支配範囲が決まっており、部族間の紛争は伝統的である。この伝統は、現在の政治勢力間の関係にも引きずられている。

ほとんどは、農民、牧夫で定着農民だが、遊牧民もいる。一七四七年、有力部族のドゥラニ族出身のアハマド・シャーがアフガニスタン王国樹立後、パシュトゥン人は伝統的居住地の南東部から、カブールをはじめ、各地に住むようになった。

現在の人口構成は三八％だが、ソ連軍がアフガニスタンに侵攻する以前の一九七八年までは、四七％を占めていた。この急激な減少は、ソ連軍と共産主義政権に対する内戦で、イラン、パキスタンをはじめ世界各地へ逃げた六二〇万人の難民（ピーク時の一九九〇年）のうち、八五％がパシュトゥン人だったことによる。ソ連は、ソ連軍に抵抗するアフガン人社会の構造を打破するため、支配民族であるパシュトゥン人に強い圧力をかけたのである。

第二の民族グループは、パシュトゥン人と民族的に近いタジク人で二五％を構成し、主として北東部と西部に居住する。北隣りのタジキスタンと同民族で、ペルシャ語を話す。アフガニスタンでは、しばしば「ペルシャ語を話す人々」と呼ばれる。古代中国では、アラブ人をタジクと呼び、「大食」と漢字をあてていたが、現在のタジク人とつながるかは不明だ。起源は、アーリア人の侵入以前に遡るともされる。

山岳地帯の北東部に住むタジク人は、寒村の貧しい農民たちである。だが、西部のヘラートや首都カブールなどの都市部のタジク人は様相が異なる。教育程度が高く、商業の才能もあり、比

砂漠を行く遊牧民の家族（提供：日本・アフガニスタン協会）

較的豊かである。政府の役人にもタジク人は多く、パシュトゥン人に次ぐ政治的影響力を持っている。反タリバン勢力の中心人物で、対ソ連抵抗運動以来、その軍事的才能を発揮しカリスマ的指導者になったアハマド・シャー・マスード（二〇〇一年九月暗殺される）は、最も有名なタジク人だろう。

これに次ぐのは、やはりペルシャ語を母語とするハザラ人で一九％を占める。ハザラ人はモンゴル系で、中央高地に多く住む。アフガニスタンの他の民族のほとんどは、イスラム教スンニ派を信仰するが、ハザラ人はほとんどがイスラム教シーア派に属する。一八、一九世紀には、支配を確立したスンニ派パシュトゥン人が、その支配拡張策とともに、シーア派への反感で、ハザラ人の多くを山岳部へ押し出した。彼らが主として住む地域はハザラジャート地方と呼ばれる。巨大石仏で有名なバーミヤンも、ここにある。

ほとんどは定着農民だが、都市部にも多く出てきており、未熟練労働者、使用人など、パシュトゥン人の対局にある社会的最下層を形成している。カブールには、スラム街同然のハザラ人居住区がある。

彼らは、一三世紀にユーラシアに大帝国を作ったチンギスハンが、中央アジアを通過して送り込んだ軍団の末裔とされ、「ハザラ」とは、ペルシャ語で数字の千を意味する「ヘザル」から来たもので、モンゴルの軍団構成である「千人部隊」が由来とされている。チンギスハン自身も、一二二一年には、現アフガニスタンのヒンズークシ山脈とアムダリア川の間の付近に長く滞在したことがあるとされる。

なんと言っても、その顔立ちが日本人には親しみやすい。まるで同胞に見えるほど日本人的なのだ。西隣りのイランには現在、アフガニスタンからの多くの難民や出稼ぎ労働者が滞在している。イランの国教もシーア派ということもあって、イランに滞在する難民の中にはハザラ人が多い。このため、イランの街で日本人は、しばしばハザラのアフガン人と間違えられる。イラン人には、まったく見分けがつかないのだ。ただし、「世界で最も美しい民族はイラン人」という恐るべき誇り高さを持つ彼らは、土木作業など汚い仕事に従事するハザラ人をかなり見下している。

ウズベク人は、これに次ぐ六％で、北部に多い。トルコ系で、ウズベク語はトルコ語に非常に近く、現代トルコ人との日常会話でも、なんら支障がない。中央アジアのトルコ系民族は、古代から、しばしば、この地域に侵入してきた。その末裔ばかりでなく、一九二〇年代には、誕生したばかりのソ連の支配を逃れ、多くが移住してきた。中央アジアの諸国は、ペルシャ語のタジキスタンを除いて、いずれもトルコ語国である。トルコは、言語の共通性を足がかりに中央アジアへの影響力拡大に腐心している。アフガニスタンでは、トルコ語系のウズベク人との関係を緊密にしようとしてきた。

アフガニスタンには「ブズカシ」という勇猛な伝統競技がある。ポロに似たスポーツで、多数の馬に乗った男たちが羊の死体を奪い合う。国民的競技だが、ウズベク人が始めたものとされる。

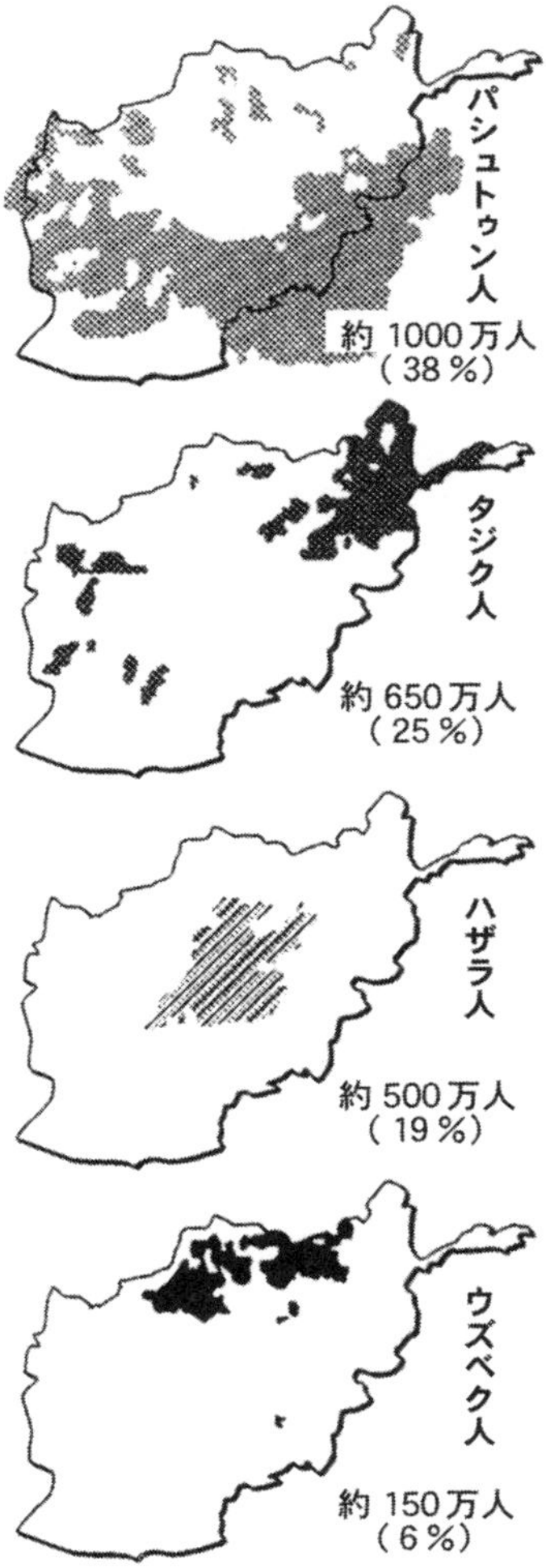

一九九六年に実権を掌握した狂信的イスラム集団「タリバン」は、凧揚げからサッカーに至るまで、あらゆる遊戯やスポーツを禁止し、ブズカシも認めなかったが、二〇〇一年一一月にタリバン政権が崩壊するとブズカシはすぐに復活した。

この他に、北西隣りのトルクメニスタンと同じトルコ系のトルクメン人、南西部のイラン、パキスタンに跨る地域に住むバルチ人など、いくつかの民族が一二％を構成している。バルチ人は独立心が旺盛で、いずれの国の中央政府も支配しきれていない。三国の国境で密輸を業とし、私設国境検問所で通行料を強奪する集団は、対戦車ロケット砲などで重武装をしており、正規軍も簡単には手を出せない。イランの国境警備隊とは、しばしば衝突するが、決して負けない。

アフガニスタンは内陸に閉ざされた国である。全国境は、五五二九キロで、パキスタンと二四三〇キロ、中国七六キロ、タジキスタン一二〇六キロ、ウズベキスタン一三六キロ、トルクメニスタン七四四キロ、イラン九三六キロ、という六つの国境で外部世界と接している。多くの民族が住むにもかかわらず、最近までの歴史では孤立した国であった。だが、ソ連崩壊で中央アジア諸国が開かれたことによって、アフガニスタンは、中東や南西アジアと中央アジアをつなぐ新たな「文明の十字路」になる可能性を秘めている。この国は、様々な種類の人間が行きつ戻りつする地域として運命付けられているのかもしれない。

気候

この国を観光で訪れるなら（もし可能なら）四月が最高だ。春爛漫である。首都カブールの公園は、バラの香りで満たされ、郊外の村に行けば、たわわに実ったラズベリーの木に子どもが登って、揺すっているだろう。落ちてくる実を、おとながシーツを広げて受ける。この季節は、空が真っ青に晴れわたり、暑からず寒からず、さわやかな空気のもと、日中はシャツ一枚で過ごせる。日が暮れると冷え込むが、それでも薄手のセーターを着れば十分である。

落ちてくる実をシーツを広げて受ける
（撮影：鈴木雅明）

運が良ければ、密造のウオッカを手に入れて、人目につかない野原でのピクニックを楽しめるだろう。世界中に酒と娼婦のない国はない。アフガニスタンでは、干しぶどうでウオッカを作ると聞いた。もちろん、葡萄の産地でありワイン作りも可能だ。厳しい戒律のタリバンが支配していても、きっと、どこかで誰かが密かに作っているだろう。

季節とは無関係だが、娼婦について触れると、一九八〇年代には、内戦で夫が死んで生活に困窮した女たちの中に、売春に走らざるをえない悲劇があった。ついでに、ソ連軍が駐留していた時代には、家族連れのソ連軍高級将校の妻で売春を働くのがいた。理由はわからない。

爽快な春は、五月に入ったころまで続くが、まもなく気温が上昇し、やがて強い風が吹き始め、空は土埃で褐色に覆われる。それが終わると暑い夏が来る。とは言え、海抜一七六六メートルのカブールの夏は決して不快ではない。

一〇月になると、短い秋が通り過ぎて、すぐに冬がやって来る。カブールの冬は暗い。どんよりと曇りがちの日が多い。雨と雪で街はじめじめしている。アフガニスタンの公式の暦は、イスラム教の太陰暦だが、ペルシャ世界伝統のゾロアスター教（日本では拝火教とも呼ばれる）に基づく太陽暦も生活に生きている。一般にペルシャ暦と称されるが、その正月は毎年、西洋暦の三月二一日、つまり日本の春分の日である。「ノールーズ」と呼ばれる。「新しい日」という意味だ。春の到来である。暗い冬は、ノールーズを待ちこがれて過ごす。

だが、このアフガニスタンの冬にも、日本人には嬉しくなるものがある。炬燵（こたつ）である。日本の掘り炬燵と構造がまったく同じで、アフガン人と一緒に足を突っ込んで談笑していると、心が通じ合う温もりを感じることができる。この炬燵だけで、中央アジアを通じて、どこかに日本人と同じ起源があると確信したくなる。

アフガニスタンの気候は、季節によって、また高度、地域によって、大きく異なる。カブールの年平均最高気温は七月の二五度で、一日の最高は三〇度を越える。最低は、一月のマイナス二・八度で、マイナス一〇度になることもある。年間降水量は三〇〇ミリで冬に集中する。

イランに至る南西部には、人のほとんど住まない広大な乾燥した砂漠地帯が広がり、アフガニスタンで最も暑い。夏は、ゆうに四〇度を越える。

砂漠地帯から、パキスタンに接する南東部へ向かうと、再び山地に入り、この付近は、インド洋モンスーンの影響で年間五〇〇ミリ程度の雨量があり、森林もある。

言語

アフガニスタンの公用語は、パシュトゥン人のパシュトゥ語とダリ語(ペルシャ語)である。支配民族の言語であるパシュトゥン語は、一九三六年、当時のザヒル・シャー国王が、公用語と定めて普及が開始された。だが、最も一般的に通じるのはダリ語である。文字はアラビア語を使用し、右から左に横書きにする。日本人には、この書き方は不可思議に思えるが、実際に書いているのを見ると、紙を四五度くらい右に傾け、斜め右上から左下へ向けて書く。横書きと縦書きの中間である。

アフガニスタンで最も重要な、この二つの言語は、同じインド・ヨーロッパ語族に属する。同じ語族の地域には、イラン、パキスタン、インドも含まれ、言語構造、単語を共有している。イ

ハザラの家族　（提供：日本・アフガニスタン協会）

ンド・ヨーロッパ語は、約三〇〇〇年前、この一帯へ北西部から侵入してきたアーリア人とともに入ってきたとされる。

民族分布とは多少異なるが、現在の推定普及率は、パシュトゥ語三五％、ダリ語五〇％、ウズベク、トルクメン人などが使用するトルコ語系一一％、その他に三〇種の少数言語もあり、四％を占めている。たいていの人は、自分の言葉とダリ語の二つを話すことができる。

ダリ語は、イランを中心とするペルシャ語の方言とされるが、イラン人に言わせると、アフガン人の方が、イラン人より文法的に正しい正統なペルシャ語を話しているという。イランのペルシャ語は、首都テヘランの、いわば方言が標準語化としているせいかもしれない。だが、現在のダリ語も首都カブールで使用される言葉を標準としており、地域によって変化がある。

例えば、ハザラ人の話すダリ語は、「ハザラギ」と呼ばれ、トルコ語やモンゴル語からの単語を多く含んでいる。

一般的には、ペルシャ語とトルコ語が話せれば、中央アジア全域で、ほぼ不自由なく土地の人々と会話をすることができる。しかも、この両言語とも文法、発音など、日本人には親しみやすく、非常に学ぶのが楽である。例えば、「私は、日本人です」「私はカブールへ行きます」と言うとき、語順は日本語と同じである。

トルコ語は、ウラル・アルタイ語族である。この語族は、中央アジアから西シベリア、モンゴル、中国の新疆ウイグルに広がり、西はロシアから中部欧州、スカンジナビアに分布し、フィンランド語やハンガリー語もその範疇に入る。まさに、ユーラシア大陸の言語である。朝鮮語も、同じ語族とされ、日本語も非常に構造が似ているとされつつ、この語族に入れるべきかどうか、まだ断定はされていない。言語から見ても、日本人にとって、アフガニスタンは決して遠い国ではなく、むしろ、中央アジアのどこかで、遠い先祖が、一緒に暮らしていたのではないかと感じさせる非常に身近な国である。

生活

アフガニスタンという国は、中央に広がるヒンズークシ山脈の山塊によって性格付けられている。この国で生きていく上で欠くことのできない水を生むのが、ヒンズークシであるからだ。アフガン人総人口の八五%は農民であり、農業のための水を得ることは死活問題である。アフガン人の主食は、イーストを使わずに、かまどで焼いた平たい「ナン」と呼ばれるパンで、その原料である小麦が主要穀物だ。パン発祥の地はペルシャとされ、アフガニスタンのナンは、おそらく発祥のころから、さして変化していないだろう。周辺のイラン、パキスタン、インドでも同様のパンが主食になっている。アフガニスタンでは、この他、米、トウモロコシ、唐黍ダイコン、野菜などを生産している。

ただし、現在の農業は、その伝統から遊離している。長い内戦は、農業にも多大な影響を与え、いまや、麻薬の原料として現金収入に直結するケシが主要生産物のひとつになっている。

ヒンズークシ山脈の北側は、北部国境のアムダリア川へ流れ込む、豊かな水量の河川が走る穀倉地帯で、日本の農村風景を思わせる緑豊かな地域もある。トルクメニスタンとの国境に近いマイマナの付近は、砂漠地帯を旅行したあとには、緑が目に痛いほど美しい。この一帯では、ソバも作っている。筆者は、郊外の農家で、日本ソバと見た目も味もまったく同じ麺をご馳走になったことがある。丼ぶりの形をした容器に入れて出され、まさか日本と同じつゆをかけて食べるとは思わなかったが、案の定、ソバにヨーグルトをかけた。ソバの起源は、中国の雲南省とも、パミール高原とも言われ、アフガニスタンが起源に近いところに位置するのは確かだ。

一方、山脈南側は概して、年間降雨量が、せいぜい二〇〇ミリ程度の乾燥した砂漠に近い気候

アフガニスタンの遊牧民　(提供：日本・アフガニスタン協会)

である。水の流れる川はほとんどない。この一帯の光景は、はるか遠くまで広がる砂漠、ときおり見かけるキャラバンのラクダの列、遊牧民のテントに象徴される。

だが、ここにも農業を営む村がある。オアシスのように点在している。この国の主要民族パシュトゥン人の伝統的生活とは、こんなところにあり、今も基本的には変わっていない。彼らは、水のない乾燥地帯で、ヒンズークシからの水を得る方法を知っている。その水を得たところに、農地と集落が固まっている。こうした地域で、人が住む村とは、いわば人工的なオアシスなのである。

水を確保する手段とは、ペルシャ語で「カナート」、アラビア語で「カレーズ」と呼ばれる人造の地下水道である。アフガニスタンでは、カレーズと一般に呼ばれる。中国の新疆ウイグルから、中央アジア、中東、北アフリカのモロッコまで乾燥地帯に広く分布するが、起源は、その数の多さと掘削技術の発達ぶりからみて、イランではないかとみられている。

カレーズとは、地中深くの地下水源から非常に緩やかに傾斜する地下水路を掘削し、最後に地上に水を導き出すシステムである。紀元前五五八年から三三〇年の古代ペルシャのアケメネス朝時代には、すでに存在していたとされ、その歴史は古い。

作り方は、専門の職人が経験と勘で水源を探り当て、縦坑を掘る。水源に達した地点と水を地表に出す取水口を結び、取水口の側から横抗を掘り始める。水源側から掘り始めては坑内に水が溢れてしまうからだ。数十メートル進むと縦坑を掘り、掘削した土砂を運び上げる。こうして水源までたどりつく。飛行機で上空からカレーズを見ると、アリの巣の出口のように盛り上がった縦坑の出口が点々と並んでいるのがわかる。イランのイスファハンにある全長九〇キロメートルのカレーズが世界最長とされるが、アフガニスタンでは、概して数キロである。

ヒンズークシの山々を発し、地下水脈に蓄えられた水は、こうして再び地上に流れ出し、砂漠の民を潤す。筆者の新聞記者としての先輩で小説家の日野啓三氏は、真っ暗なカレーズの水路には、目のない魚が生息していると言ったが、確認したことはない。

村のたたずまいは、のんびりとしている。民家は、まるで要塞のような、五メートル近い土壁に囲まれ、その壁に木でできた重い扉があり、それが出入り口だ。日干し煉瓦を積み上げて土を塗りたくった土壁の黄土色が、村全体の色彩を決定付けている。乾燥地帯でも成長が速いポプラ

村のたたずまい　（撮影：鈴木雅明）

の木が植林され、その緑がアクセントになっている。民家の中の構造は、土壁に沿って居間や寝室、炊事場があり、共用部分の中庭が広くとってある。それぞれの部屋の窓も土壁に明いている。そこに三世代、あるいは兄弟同士の数家族が住んでいる。部族を構成する一族の居住地で、「カラ」と称される。パシュトゥン人にとっての家族の絆、それがまとまって構成する部族の連帯は、村の構造からも伺える。

村人が集まるのは、チャイハネである。チャイはお茶、ハネは家を意味し、チャイハネとは、つまり喫茶店である。ござの上にじゅうたんが敷いてあり、村人たちは、あぐらをかいて、煙草やハシシを吸いながら、お茶を飲んで世間話にふける。お茶は、紅茶と緑茶があり、どちらにも砂糖をたっぷりと入れて飲む。村の社交場である。

ハシシは、大麻を原料とし、その葉を乾燥させたものは、世界的にはマリファナと呼ばれ、それを濃縮したものがハシシである。軽い幻覚作用があり、日本では非合法な麻薬だが、アフガン人は、これを煙草に混ぜて吸う。実際、オランダで合法化されるなど、欧米でもマリファナやハシシは、日本ほど厳しく取り締まられることはない。アフガン人は昔から、ケシから作る生アヘンも吸う。今や、アフガニスタンは世界最大のケシ栽培国で、精製したアヘンは恐ろしい麻薬であるヘロインになるが、生アヘン自体は、赤ん坊の夜泣きを収めるなど、様々な民間療法として伝統的に使われてきた。隣国イランのテヘラン大学医学部教授は、その研究だけで、厚さ一〇センチの本をまとめあげた。

農村の中に商店は、ほとんどない。せいぜい小さな雑貨屋くらいで、商業らしきものは存在しないと言っていい。

男たちの服装は、腰の下までの長い、ゆったりした木綿の長袖のシャツにベスト、日本のステテコよりも、だぶっとしたズボンをはき、頭にターバンを巻いている。ターバンの色は、部族によって異なり、それぞれの帰属を象徴している。

女たちは、男たちと同じような、ゆったりしたものを着ているが、もっとカラフルで、外出するときや、外部からの男の客がいるときは、その上に、全身を覆うブルカをかぶる。顔の部分の一〇センチ四方程度はメッシュ状になっており、外を見ることはできるが、外部からは、容貌はまったくわからない。

村の夜は暗い。明かりは、小さな電球か石油ランプだけである。村の生活は、基本的には自給自足で自己完結している。貨幣経済は、その足りない部分の補完でしかない。これが、部族を中心に生きるパシュトゥン人の住んでいる小宇宙である。

その小宇宙を形成する決定的要素は水である。乾燥地帯では、カレーズを通して得た水も、最後は地中に消えてしまう。村とは、カレーズの水を利用し、農耕が可能な範囲を一つの単位としている。村の権力者とは、水と水で潤う土地の支配者である。その支配者のもとに、農民の大多数である小作人や土地のない賃労農民がいる。この世界で、水の重要性を示すのは、地主とともに、水主というのが存在することだ。双方を兼ねている場合もあるが、村は土地と水の複雑なしがらみで結びついている。

カレーズが供給できる貴重な水の行き届く範囲は限られている。つまり、開拓による農地の拡大は不可能で、ひとつの村が得ることのできる富の量を増大することは、ほとんど不可能である。富の絶対量を決定する水を奪われることは、村の死活問題であり、そこに部族の結束が生まれる。水問題は他部族との紛争の種であり、パシュトゥン伝統の部族内の結束と他部族への敵愾心は、ヒンズークシの恩恵と裏腹の関係にあると言えるだろう。

周辺国の人々には、アフガン人たちは、頑固で、名誉のためなら命を簡単に捨てる変わった連中という風にみえるらしい。確かに、長い内戦を飽きもせず続けていたアフガン人のメンタリティに理解しがたい面はある。だが、彼らも外部世界と共通する同じ人間である。例えば、アフガニスタンのことわざを拾ってみよう。日本人にも、おかしくなるほど理解できる。

「他人のロバを止めるな」＝余計なお世話はやめろ。
「少しの言葉、多くの行動」＝口先より実践。
「追いつめられた者は闘う」＝窮鼠、猫を噛む。
「自分をハーンと呼ぶ者はハーンではない」＝自画自賛は称賛ではない。
「血で血は洗い落とせない」＝悪事を悪事で償うことはできない。
「五本の手指も同じではない」＝人はそれぞれ異なる。
「借金は愛のはさみ」＝友人にカネを貸せば敵になる。
「心の向かうところに足は行く」＝家族が一番。

アフガニスタンは二〇〇〇年以上にわたる侵略された歴史を持つ。日本は侵略された経験がほとんどない。だが、人間社会は、それほど異なっていないようにも思える。

パシュトゥン・ワリ

パシュトゥン人の生活には、不文律の規範、掟がある。「パシュトゥン・ワリ」と呼ばれる。彼らにとって、自己の誇り、部族と家族の名誉は、すべてに優先する。非常に些細な侮辱や名誉の損失に対しても命を賭ける。同様に不正行為も、しぶとく忘れないでいる。こうしたことを原因とする争いは、ときには数世代にわたって続く。

パシュトゥン人は父系社会の伝統を保ち、男子は嫁を先祖代々の家で娶るため、数世代の同居は普通だ。それができない場合でも近所に住む。家族の絆は重要であり、都会に出ていても家族が集まらなければならない重要な機会には、必ず里帰りする。家父長のもとにある家族の集合体が部族であり、その長は「ハン」である。

部族の重要な決定や裁定は、「ジルガ」という集会で下される。ジルガでは、誰でも（女性は含まれない）意見を言うことができるが、最終決定は絶対的で、例外なしに全員が従わねばならない。ハンは、決定や裁定を主導するばかりでなく、村の安全、繁栄にも責任を持ち、道義心、知恵、信仰心、勇気など、あらゆる面で尊敬されるべき人物で、由緒正しい家系の出でなければならない。

パシュトゥン・ワリは、彼らのあるべき姿の大きな部分を支配する。最も重要な要素は、名誉、復讐、親切心である。これらは、子どものときから教え込まれる。それに反する行為を犯した場合は、厳しく罰せられ、村八分の追放、ときには死刑に処せられる。

最も蔑まれるべきは憶病さである。また家族の名誉は、いかなる状況にあろうと、あらゆる代償を払ってでも保たれるべきとされる。

パシュトゥン人は、生まれながらの戦士と言われる。乾燥地帯の食料と水が限られた厳しい生活条件下で、固い絆で結ばれた部族は、生活のために他部族を襲って必要なものを獲得した。その伝統の産物である。

パシュトゥン・ワリを分類すると次のような言葉で表現される。

メイマスティア＝あらゆる客人へのもてなし、保護。
ナナワティ＝庇護を求める者の受け入れ。
バダル＝血の報復の権利。
ゲイラート＝部族、家族の財産、名誉を守る権利。
マムス＝女性の保護。女性を殺してはならない。
イマムダリ＝高潔。
イステカマト＝不屈の精神。

「メイマスティア」に象徴される客人へのもてなしは、異教徒の外国人をも歓待する彼らの人なつっこさ、親切に見ることができる。例えば、どこかの村のチャイハネに立ち寄れば、そこにいる誰かがお茶をおごってくれる。村に泊まっていけとも言われるだろう。同時に、見ず知らずの男の肉体的、精神的強さに非常に関心を持つ。それが、彼らの誇りであり、それを測ることによって、よそ者を値踏みするのである。

また、彼らの住む世界の物理的範囲の素朴な感覚も、こんな場所で知ることができる。日本から来たと言えば、工業製品などを通じて日本を知ってはいるものの、「ところで、日本まではトラックで何日くらいかかるか」などと、面食らう質問をされる。タリバンは、サウジアラビア人のテロリスト、ウサマ・ビンラーディンを鄭重に客人として保護した。ビンラーディンは豊富な資金で、タリバンを引きつけもしたが、ここにもパシュトゥン・ワリの伝統をみることができる。

ジルガは、パシュトゥン・ワリに基づいて、村で起きる様々な問題に対処する。司法、行政の機能を持っていると言えるだろう。年数回開かれ、モスクなどに成人の男全員が集まる。土地の境界線、水の分配などの争い、相続問題など、村人の提起した様々な問題が話し合われる。殺人は、被害者の家族との交渉で賠償金でも解決される。だが、不義密通は死罪である。

伝統社会

イスラムの戒律に基づく支配を確立すると主張するタリバンは、パシュトゥン人の集団である。彼らの支配原理は、イスラム法に基づくのか、パシュトゥン・ワリの伝統によるものか、議論の余地が十分にある。ジルガの会合は、イスラムの祈りで締めくくられ、その決定は絶対的なものになる。イスラムは、パシュトゥン人の生活で常に尊重されている。だが、パシュトゥン・ワリは、基本的にはこの土地に特有の社会伝統の中から生まれたものである。

タリバンの典型的な政策は、徹底した女性隔離である。その政策は、西欧世界ばかりでなく、イスラム世界からも、人権抑圧の非人道的行為として激しく非難されている。アフガニスタンの地方の村々は、このグローバル化の時代でも、何世代にもわたる古い伝統を維持しており、それは、女性を男性の所属物とみなす社会構造に象徴されるだろう。

だが、アフガニスタンでも都会では、女性が高等教育を受け、かなり社会進出しており、ブルカをかぶらない女性も普通だった。一九七〇年代までの近代化が推進された時代のカブールでは、当時の世界的流行だったミニスカートすら当たり前のファッションだった(今では顔すら見られないが、アフガニスタンには美女が多いという風説がある)。その後、内戦の時代に入り、無神論の共産主義に対するイスラムの聖戦という色彩が強まり、社会全体が宗教回帰するにつれ、西欧的スタイルは次第に姿を消していった。だが、タリバン支配を目の前にしたとき、都会の女性たちは、タイムカプセルで近代文明以前の時代に突如送り込まれたような衝撃を受けた。

タリバンは一九九四年に姿をみせ、九六年には首都カブールを制圧して実効支配地域を広げていった。タリバンは、カブールなどの都市を制圧するや否や、女性は家の中に留まり、外出するときは、夫や兄弟などの近親の男を同伴しなければならないと布告した。

九六年一二月、カブールでは二二五人の女性が服装規定違反で逮捕され、裁判のあと、背中、足へのむち打ち刑を受けた。タリバンのラジオ放送は、女性はイスラム法によってブルカ着用が義務付けられ、それに反すれば処罰されると伝えた。ブルカの裾から、わずかにくるぶしが見えただけで、タリバンに殴られた女性の例もある。人権擁護団体アムネスティ・インターナショナルによると、指にマニキュアを塗っていたために、親指を切断された女性の刑罰も、少なくとも一件は確認されている。

九七年三月には、東部ラグマン州で、既婚女性が別の男と共に、住んでいた地域から脱出しようとして逮捕され、姦通罪とみなされ石打ち刑で死刑に処せられた。

女性は家の中に閉じこもっていても、外から見られることは許されない。カブールでは九七年三月、奇妙な布告がタリバンから出された。家の地上階とその上の階では、窓を覆い外部から家の中が見えないように、ガラスをペンキで塗るように命じた。

バザールで（提供：日本・アフガニスタン協会）

タリバンは、医療機関など、ごく一部の例外を除いて、家の外での女性の労働、学校への通学を禁止した。九六年段階で、カブール大学には数千人の女子大生が在学していたとされる。さらに数千人がカブール市内で、専門職に就いていた。その全員が家に籠もることになった。また、カブールその他で、主として内戦で夫を失った三万人にのぼる寡婦が、家族を支える唯一の生活手段として外で働いていたが、その道を奪われた。

女性は、こうしたタリバン政策によって、医療サービスを受ける機会も大幅に失った。女性医師だけが女性患者を診察することが許されるが、医療機関で働く女性の数は非常に限定されるからだ。

こうしたタリバンの政策は、パシュトゥン人の伝統的な村の生活を観察したあとでは、決して奇異なものではない。

村では、モスクが寺子屋のような役割を持っているが、女の子は一二、三歳、おそらく初潮の始まったころから、モスクでの手習いに行けなくなる。ブルカで顔を覆うようになるのも、この年齢からで、外部の男からは、なるだけ身を隠すようになる。女性はバザールにも行かず、買い物は男がする。刈り入れなどの農繁期でも、農作業に従事しているのは男だけである。女の仕事は、かまどでナンを焼いたりする炊事や掃除など、狭い意味での家事に限定されている。アフガニスタンの田舎の村を歩いて、目に入るのは、ほとんど男だけである。この国の光景に武骨さを感じるとすれば、こんなところに原因があるのかもしれない。

伝統が支配する村で、自由な男女交際はあり得ない。結婚適齢期に達した二〇代の男がいる家族では、母親や叔母、既婚の姉妹らが嫁探しをする。女の適齢期は一六から一八歳で、年ごろの娘がいる家へ客として訪れ、何げないふりをして観察する。その報告に本人が満足すると、父親や親類の長老が娘の家を訪れ、正式に結婚を申し込む。そのときの双方の家の交渉で、嫁をもらうために娘の家へ支払うべき金額が合意される。嫁は売買されるのである。女は、意志を表明する人格を持つとは、みなされていない。その一方、男の女に対する所有意識は非常に強く、不義密通は死罪となる。

こうした意識は、村ばかりでなく、都会のアフガン人にも残っている。アフガニスタンには、ソ連軍が侵攻した翌年の一九八〇年ころまでは、ヨーロッパそして日本からも、冒険好きのバックパッカーの旅行者が訪れていた。彼らを引きつける魅力のひとつは、世界最高の品質とされるハシシやマリファナだった。今からすれば、ある種の「古き良き時代」だった。そのころ、カブールのアフガン人プレイボーイに会ったことがある。彼は妙な日本語を知っていた。「だめ」と「ばか」である。日本人の女の旅行者を口説いたときに彼女が言ったという。この男に冗談で、「アフガン人の女を口説きたい」と言ったら、ソ連兵から奪ったというトカレフ拳銃を腰のベルトから引き抜いて、恐ろしいほどの殺意を込めて、「お前を殺す」と答えた。パシュトゥン・ワリの実体験である。

イスラム教は、日本では馴染みがなく、最近こそ、イスラム教徒のイラン人やパキスタン人の出稼ぎ者の急増で多少身近になったが、依然として、一般の日本人には、はるか遠くの世界の宗教だろう。多くの日本人は、米国での同時テロ発生のあと、その首謀者と目されるウサマ・ビンラーディンを匿っている「イスラム原理主義」のタリバンに関する情報を新聞やテレビを通じて知り、イスラム教とはそういうものだと単純に考えたかもしれない。

だが、イスラム世界でも、イスラム教の本拠地である中東アラブ世界のマスコミでは、タリバンの政策に対する反発、嫌悪は非常に強い。タリバンの政策はイスラムとは、なんの関わりもないという批判だ。イスラム教スンニ派のアラブばかりでなく、シーア派のイランでも同様だ。こうした批判の中心にあるのは、タリバンの女性に対する姿勢である。イスラム教の聖典コーランに基づき、イスラム教は根源的に男女の権利の平等を認めていると主張している。タリバンの女性隔離政策はイスラム教とは、なんら関わりのないパシュトゥン人の村のしきたりにすぎないという主張である。とにかく、中東のイスラム世界にしても、タリバンには、ひどく違和感を覚えた。

アフガン人には、パシュトゥン・ワリは理解できる。アフガニスタンは世界から孤立し、独自の文化、伝統が維持され、人々はそこに暮らしてきた。だが、アフガニスタンにしても、現代世界から完全に切り離されたわけではなく、二〇世紀初めから近代化を推進してきた歴史があり、多くの人々は個人としての意識で生きる自由の意味も知っている。

だとすれば、温厚な人々の住むカンボジアに虐殺集団ポル・ポト派が生まれたように、タリバンの誕生は、歴史の狂気だったのだろうか。アフガニスタンの歴史を、しばし辿ってみよう。

Ⅱ章　文明の十字路——征服者たちがやってきた

現在のアフガニスタンの地には、様々な人間が足跡を残してきた古い歴史がある。紀元前五万年から二万年にかけての時代、石器が利用された痕跡がある。紀元前三〇〇〇年から二〇〇〇年のころ、青銅器時代に入り、現在のカンダハール近くのムンディガクは、インダス文明圏内の地方都市とみられている。当時、ここでは、小麦、大麦などの穀物生産、羊、ヤギなどの家畜飼育が行われていた。

紀元前二〇〇〇年から一五〇〇年にかけて、現在のアフガン人の先祖であるアーリア人がアムダリア川（古名オクスス川）を渡って北から侵入してきた。現在の首都カブールの街は、この時代に生まれたとされる。遊牧民による鉄器使用も認められる。

紀元前六世紀、アフガニスタン北部、現在のバルクは、バクトリアと呼ばれ、アーリア人の住む当時の大都会だった。現在にまで文化的影響を及ぼしているゾロアスター教は、紀元前六〇〇年ごろ、ここで生まれ、アフガニスタンとイランに広まっていった。創始者ゾロアスターは紀元前五二二年に死去したとされる。バルク周辺には、今もゾロアスター寺院の遺跡が残る。

ペルシャのアケメネス朝ダリウス大王（紀元前五二二〜四八六年）の時代、バクトリアはその支配下に入った。当時のアケメネス朝は、現在のアフガニスタンのほとんどを、その版図に組み込んだ。だが、ペルシャ帝国は現在のカンダハール、クエッタ（現パキスタン）一帯の部族の度重なる反乱に直面した。

アレキサンダー大王の遠征

紀元前三二九年には、ギリシャのアレキサンダー大王が、ペルシャを征服したあとバクトリアに侵攻し征服した。だが、各地で侵攻軍への執拗な反攻が続いた。アレキサンダーは三年後には、この地域を去り、インドへ向かい、紀元前三二三年、遠征中にバビロンで死去した。

アレキサンダーが去ったあとのバクトリアは、ギリシャ人が支配し、カブールを拠点とし、インドにも侵入した。紀元前二〇〇～一六〇年ごろには最も栄え、東西を結ぶ当時の世界貿易の一大中心地になった。だが、ペルシャに帝国を作ったパルティア人や遊牧民の圧力を受け、次第に衰退していった。

仏教文明

その後アフガニスタンに現れた有名な支配者は、仏教の偉大な保護者として知られるクシャン王朝のカニシカ王である。カニシカ王は紀元五〇年ごろ、王朝に安定をもたらした。クシャン王朝は、ギリシャ・ローマのヘレニズム文明、インド文明、中国文明の接点となる中央アジアを治め、ユニークな文明の融合を生んだ。仏教の広い地域への伝播もクシャン王朝を介した。

仏教の造形美術上で画期的なガンダーラ文化は、カニシカ王のもとで発展した。仏像の容貌や服装には、ヘレニズムの強い影響がみられ、コスモポリタンな文化の開花を読みとれる。

クシャン王朝はカニシカ王以降、国力が次第に衰えて分裂し、五世紀には遊牧民の侵略で滅びた。だがバーミヤンには仏教文化が残り、高さ五五メートルと三八メートルの二つの巨大な磨崖仏は有名だ。四〜六世紀に作られたとされ、中国の僧侶、玄奘三蔵が仏教原典を求めてインドへ旅する途中、六三〇年にバーミヤンを訪れたときには、二つの石仏は、金と宝石で装飾されていたという。

アラブ人の侵入、イスラム教の伝播

六五二年にアラブ人がイスラム教とともにアフガニスタンに入ってきたときには、中央アジア一帯は小国に分裂した割拠状態で、組織的な反撃は不可能であった。だが、決して無為に侵略されたわけではなく、アラブ軍は、現在のアフガニスタン西部ヘラート付近で、激しい抵抗に遭い、進軍が一時止まった。

その後、アラブ軍は大規模に組織化した進軍を開始し、中央アジアを征服した。だが、イスラム化は容易には進まなかった。八世紀半ばごろには、都市定着民はイスラムに改宗したが、遊牧民のイスラム化は遅々として進まなかった。

アフガニスタンにイスラム教が定着したのは、九六二年にガズニ朝が樹立されたあととされる。ヒンズークシ山脈東南部の現在の都市ガズニと同じ地域に、パシュトゥともアフガンとも呼ばれる遊牧民が居住していた。現在のパシュトゥン人の先祖である。その部族長マハムードが王になり、インド北西部、イラン、イラクにも侵攻した。マハムードは一〇三〇年に死去し、その後のガズニ朝は内部抗争で力を失い、中央アジアの草原から侵入してきたカラ・キタイ族に一一四〇年滅ぼされた。

チンギスハンの征服

アレキサンダーに次ぐ第二の巨大な征服者チンギスハンは一二〇六年、モンゴルの皇帝となり、三年後には、やがてユーラシアを支配する大遠征を開始した。チンギスハンの大軍は、中央アジアでカラ・キタイを撃破し、当時、ペルシャ、アフガニスタンから中央アジアに至る地域を支配していた大帝国ホラムズ朝を制覇し、一二一九年、アフガニスタンに達した。

モンゴルの大軍を指揮していたチンギスハンは、アフガニスタン北部のタルカンを苦労の末、陥落させたあと、そこに本営を置いた。その後、一二二一年春まで、ヒンズークシ山脈の北面に当たる、その一帯で狩猟を楽しみながら過ごしていた。だが、まもなく、ホラムズ皇帝の息子、ジャラール・ウッディンが反撃を開始し、カブールとバーミヤンの間のヒンズークシ山中パルワンで、モンゴル軍を殲滅し、反撃に送られたモンゴル軍も敗退させた。連戦連勝のモンゴル軍の最初の敗北とされる。

ジャラール・ウッディンは、その後モンゴル軍に追われ、インドへ渡り、追いつめられて騎馬もろとも、崖の上からインダス川に飛び込んで逃亡した。チンギスハンは、そのとき、ジャラール・ウッディンの勇気を称賛し、矢を浴びせようとする兵士を制止したと伝えられている。

かつて、アレキサンダー大王がアフガニスタンで苦戦したあと、母に残したとされる言葉がある。

「今、私は勇猛果敢な人々の国にいる。兵士たちの一歩一歩が、まるで鋼鉄の壁を押しているようだ。母は、たった一人のアレキサンダーを生んだが、この国では、すべての人がアレキサンダーと呼ばれるにふさわしい」

そして、チンギスハンは、こう言ったという。

「私は、この国の人間の勇気に感嘆した。私は、自分の軍隊より優れたアフガン人に我慢ならない。チンギスハンの名前を歴史にとどめるには、彼らに死んでもらうしかない」

モンゴル人は、伝統の灌漑システムであるカレーズも徹底的に破壊し、肥沃に潤っていた土地をも砂漠にもどしてしまったという。

ベネチアの商人マルコ・ポーロがアフガニスタンを通過したのは、チンギスハンの遠征から五〇年後の一二七三年とされている。

マルコ・ポーロの『東方見聞録』は、北部の都市バルクについて触れている。

「バルクはりっぱな都市だが、ひと頃はもっとりっぱで大きかった。それがタルタル人や異国人に荒らされ、破壊されてしまった。かつてはたくさんの美しい宮殿やみごとな大理石の家々もあったのだ。今ではいためつけられて廃虚となった姿を見ることができる」

ティムールの支配

チンギスハンは一二二七年に死去した。中央アジアは、やがてチンギスハンの子孫の対立が始まり、再び混乱の時代に入っていった。そこに、モンゴル人の血を引く新たな英雄が登場した。ティムールである。タメルランとも呼ばれ、「びっこのティムール」という意味で、西欧では、この名前で知られている。

若いころ、戦場で負傷したためとされる。サマルカンド近くの出身で、その遺体を収めた廟は今もサマルカンド市内にある。

若いときから非凡な軍事的才能を発揮し、一大勢力となり、一三七〇年には、現在のイラン、アフガニスタン、パキスタンを支配下に置く大帝国を建設した。ティムール死後、息子の一人、シャー・ルックは首都をアフガニスタン西部のヘラートに移した。ヘラートは華麗な都市に改修され、当時の世界の中心になった。だが、ティムール朝でも子孫たちの争いが始まり、一四五一年ごろには中央アジアは、それ以前の混乱状態に戻った。そして、この帝国も一六世紀初めには消滅した。

ムガール帝国

このころのアフガニスタンでの注目すべき動きの一つは、一四五一年にアフガン族がインドのデリーに攻め込み、ローディー朝を樹立したことだ。その後、モンゴル系のウズベク人バーブルが抗争に破れ、アフガニスタンに逃れ、カブールを支配した。一五二六年、バーブルはインドへと南下し、ローディー朝を倒して、その後三〇〇年以上にわたってインドを支配したムガール帝国の基礎を築いた。支配層は中央アジアからのウズベク人やトルコ人、アフガン人などで構成されていた。「ムガール」とは「モンゴル」が転訛したものである。このイスラム帝国の時代に、インドにイスラム教徒が増加した。公用語はペルシャ語で、その影響は、現在のビルマ(ミャンマー)南部にまで及んだ。今でも、この地域の人々の言葉には、ペルシャ語からの単語が多く含まれている。

侵略に抵抗する伝統

アフガニスタンの地に住む人々は、有史以来、外部からの侵入者と闘い続けてきた。アレキサンダー大王のギリシャ軍、イスラム帝国のアラブ軍、チンギスハンのモンゴル軍。ティムールもアフガニスタンでは苦労した。いずれも、それぞれの時代の世界最強軍であった。アフガン人たちは圧倒的劣勢にもかかわらず、容易には侵略を受け入れず、頑固な、激しい抵抗で侵略軍を手こずらせた。この戦闘精神は、この土地の伝統である。その伝統は、近代に入って、現在に至るまで生き続けている。

Ⅲ章　近代化への模索——大国のはざまで

写真提供：日本・アフガニスタン協会

近現代、そして現在に至るアフガニスタン史は、アフガニスタン王国発足のころから開始すべきであろう。

一七二二年、イランのサファビ朝が、侵略したアフガン族によって崩壊させられた。だが、最後のアジア的征服者とされるナディル・シャーがアフガン人を駆逐して、逆にインドにまで遠征した。だが、ナディル・シャーは一七四七年に暗殺された。アフガニスタン建国の父と呼ばれるアハマド・シャー国王は、ナディル・シャーのアフガン人部隊長であった。暗殺後、故郷のカンダハールに戻ったアハマド・シャーは、アフガン人（パシュトゥン人）の有力部族ドゥラニ族に属し、その年七月に部族連合の長に選ばれた。これをもってアフガニスタン王国の誕生とされている。ナディル・シャーは現在のアフガニスタンにあたる地域を平定した。この王国はサドザイ朝と呼ばれた。

大英帝国の軍事侵攻——第一次アフガン戦争

一八世紀に入るとインドには大英帝国が進出し、北方ではロシア帝国が中央アジアの支配を広げていた。一八一八年、ロシアの南下を牽制しようとする大英帝国の圧力を受け、サドザイ朝は倒れた。サドザイ朝は、モハマドザイ朝に引き継がれ、一九七三年のクーデターでザヒル・シャー国王が、その地位を失うまで、この王朝は続いた。

大英帝国がアフガニスタンに介入したのは、アフガニスタンをロシアと英領インドの間の緩衝国として確保しておきたかったからだ。アフガニスタンは建国と同時に、大国のはざまで揺れ、微妙な外交バランスで国家存続を維持せざるをえない立場に置かれた。

こうした中で、モハマドザイ朝二代目のドスト・モハマド・ハーン国王（一八二六～六三）は、ロシアと友好条約を結んだ。これによって、アフガニスタンがロシアに接近したという印象を大英帝国に与えた。これをきっかけに、大英帝国はアフガニスタンへの干渉を決定し、勢力下に置こうとしたが、ドスト・モハマド・ハーンは、その意向通りには動こうとしなかった。そこで、大英帝国が目を付けたのは、インドに滞在していたサドザイ朝第五代国王シャー・シュジャだった。この元国王は権力闘争に破れ、アフガニスタンから逃れていた。

大英帝国は、一八三八年一二月アフガニスタンへの軍事侵攻を開始し、翌三九年四月に、カンダハールを制圧してシャー・シュジャを傀儡の国王に擁立した。第一次アフガン戦争である。三九年夏にはカブールを攻略し、ドスト・モハマド・ハーンはヒンズークシ山脈、アムダリア川を越えて、ブハラへ逃亡した。

だが、侵略に抵抗するアフガン人のゲリラ戦は収まる気配をみせず、英軍を翻弄し続けた。ドスト・モハマド・ハーンは、この情勢を見て、密かに帰国し抵抗運動に加わったが、一八四〇年一一月、英軍に降伏し、インドに追放された。だが、ゲリラの抵抗は依然として活発に続いた。このため英軍は撤退を余儀なくされ、一八四二年一月、東部のジャララバードへ向かって退却を開始した。このとき、冬の寒気の中で、ゲリラ部隊は地形を利用して果敢に攻め立て、一万六五〇〇人の英軍を全滅させた。ジャララバードの駐屯地に生きてたどり着いたのは、よろよろとした馬に乗った一人だけだったとされる。

第二次アフガン戦争

シャー・シュジャは四月にアフガン人に殺害され、ドスト・モハマド・ハーンは翌四三年に帰国し、国王に復活した。五五年には英領インドと平和条約を結んだ。だが五九年に大英帝国は、南西部のアラビア海につながるバルチスタンを領有し、以来、アフガニスタンは海から隔絶した内陸国となった。

ドスト・モハマド・ハーンは復位後、大英帝国、ロシア両国の公館設置を認めず、アフガニスタンは完全な中立を守っていた。このため、しばらくの間は、アフガニスタンと大英帝国の関係は落ち着いていた。だが、一八六三年にシール・アリ・ハーンが次ぎの王座に就いたころには、ロシアの中央アジアでの覇権は、さらに確固としてきた。ロシアは一八六五年には、現在のウズベキスタンの主要都市ブハラ、タシケント、サマルカンドを手中にした。アフガニスタンとの安定した関係をも模索し、一八七三年には、アムダリア川を境界とする両国間の国境を画定し、ロシアはアフガニスタンの領土的統一を尊重すると約束した。

一方、一八七四年、英国本国では、保守党の対ロシア強硬論を唱えるディズレリが首相となった。そして、一八七八年六月に、ロシアがストレトフ将軍を代表とする軍事使節団をアフガニスタンに派遣したことをきっかけに、大英帝国はロシアへの警戒心を一気に高めた。この使節団は、シール・アリ・ハーンに対し、アフガニスタンへ外敵の侵入があった場合、ロシアは全面的支援を与え、三万人のロシア軍を派遣すると約束していた。

大英帝国はついに、一八七八年一一月、アフガニスタンへ二度目の軍事侵攻を開始した。第二次アフガン戦争である。

シール・アリ・ハーンは早速、ロシアに支援を要請したが、ロシアは口実を設けて応じなかった。シール・アリ・ハーンは、やむなく、ロシアに亡命しようとしたが認められず、七九年二月マザリシャリフで失意のうちに死去した。

英軍は同年一〇月にはカブールに達し、シール・アリ・ハーンが残していった息子のモハマド・ヤコブを捕らえ、インドへ追放した。だが、その後も各地で抵抗運動は続き、大英帝国の支配が開始されたものの、安定とは遠い状態であった。一八八〇年には、アフガニスタンのジャンヌ・ダルクというべき伝説的女性が現れた。マラライという名で、英軍に殺されたアフガン兵士の持っていた旗を取って前進を続けたとされ、その勇気と猛々しさは、今に語り継がれている。

大英帝国は困難をきわめるアフガニスタン経営を解決しようと、一八八〇年に、ロシアへ一一年間亡命していたアブドゥラーマン・ハーンを王位に就け、アフガニスタンを英国保護領にして軍を撤退させた。

アブドゥラーマン・ハーンは著書を残している。その中で、「ロシアが暖かい海に接近する方法はアフガニスタン経由以外にない」とし、さらに「アフガニスタン指導者間の対立が続けば、一〇〇年以内にロシアはアフガニスタンを占領するであろう」と予言した。この予言は、恐ろしいほど正確に的中した。

一八九三年に、大英帝国はアフガニスタンとインドの国境を画定するデュランド・ラインを引いた。起案者のモーティマー・デュランド卿の名から、こう呼ばれる。この国境は、パシュトゥン人遊牧民が暮らす辺境で政治支配の及ばない地域に引かれた。この国境によって、パシュトゥン人の伝統的部族社会は分断された。

第三次アフガン戦争――アフガニスタンの完全独立

第一次世界大戦に続いて、一九一七年に起きたロシア革命は、アフガニスタンに大きな影響を与えた。アフガニスタンの中立を脅かしていた北方の脅威は、とりあえず弱まった。この新たな状況の中で、英国からの完全独立を求める声が次第に強まってきた。アブドゥラーマン・ハーンを継いだハビブラー・ハーンは、英国との良好な関係を築きつつ完全独立を達成しようとした。だが、改革派の民族主義者たちは、国王は英国に妥協的だと非難を浴びせた。国内情勢が、こうした微妙な雲行きにあった一九一九年二月一六日、ハビブラー・ハーンはジャララバード近郊で狩猟旅行中に暗殺された。

後を継いだのは、ハビブラー・ハーンの末子、アマヌラー・ハーンで、英国を憎悪する熱烈な愛国者だった。即位してまもなくの五月、アマヌラー・ハーンは英国に宣戦布告し、北西辺境州を西と南から攻撃した。そのころ、インドでは大規模な反英デモが発生し、混乱が広がっていた。マハトマ・ガンジーが反英不服従運動を開始したのも、このころである。アマヌラー・ハーンは、これを好機ととらえたのだ。当時の英国は、大戦で疲弊していたうえ、戦争の混乱がインドに拡大することを恐れた。こうした情勢がアフガニスタンに有利に働き、両国は休戦し、長い交渉の末、一九二一年末に条約を締結し、アフガニスタンの完全独立が実現した。

急速な近代化の失敗

アマヌラー・ハーンの時代は、日本の明治時代に相当し、急速な近代化が推進された。憲法は個人の自由を保障し、近代的議会、選挙制度が導入され、女性解放策もとられた。だが、この急速すぎる近代化は、部族の伝統とイスラム教の社会から強い反発を受けた。とくに、イスラム社会の伝統である女性の髪を隠すベールの廃止令は、激しい反感を生み、各地に部族による反乱が広がった。

第一次大戦でオスマン帝国が解体し、その灰塵の中から近代トルコが誕生した。その指導者ケマル・アタチュルクは、イスラム教の伝統を廃し、西欧をモデルとする国家建設を始めた。アタチュルク思想は、一九二五年にイランでパーレビ王朝を創設したレザ・ハーンに影響を与え、近代化＝西欧化への邁進は、その息子モハメド・パーレビに引き継がれた。だが、イスラムの激しい反国王運動を生み、一九七九年ホメイニの主導するイスラム革命で王政は打倒された。

アマヌラー・ハーンもアタチュルクに触発されて、伝統からの脱皮、西欧化を開始した。アフガニスタンでの反乱の拡大は、瞬く間だった。一九二八年にアマヌラー・ハーンはヨーロッパを歴訪し、その直後の八月に改革案を出したが、秋には収拾のつかないほど反乱が広がり、国内は分裂状態に陥った。

そこに登場したのは、「バッチャ・イ・サカオ」である。「水運びの息子」という意味で、本名はハビブラー・カラカニといい、タジク人の山賊頭領だった。

伝統のアフガニスタンの都市生活では、水は街を歩くサカオから買っていた。サカオは社会的最下層の仕事である。なお、首都カブールに初めて水道が敷設されたのは、アマヌラー・ハーンの時代で、水道料金は、サカオの売る水の金額を基準に決められたという。

バッチャ・イ・サカオは混乱の中で、政府軍兵舎を攻撃して、一九二九年一月にはカブールまで攻め上がり制圧した。アマヌラー・ハーンはイタリアに逃亡し、アフガニスタンの分裂状態は、山賊頭領の政府を生んだ。だが、この政権の誕生は、混乱にさらに拍車をかけた。第一に、支配民族のパシュトゥン人たちがタジク人の政権を容認しなかったからである。第二に、経済政策とも呼べないでたらめさで、アフガニスタンの経済がずたずたになってしまったからだ。

アフガニスタン史上では、タジク人の政治支配者は二人生まれた。二人目は一九九二年に大統領になったブルハヌディン・ラバニである。のちの章で触れるが、このときも、パシュトゥン人との抗争で内戦に突入した。

アマヌラー・ハーンの逃亡とともに、注目されるべき、もう一人の人物がアフガニスタンから消えた。当時を代表する近代的知識人で、現代的な新聞をアフガニスタンで初めて発行したマハムド・タルジである。アタチュルクを信奉していたタルジは、トルコへ亡命した。

ナディル・シャー暗殺

バッチャ・イ・サカオの支配は長くは続かなかった。英国は、この戦略的要衝の混乱を見て、アマヌラー・ハーンの政敵で、パリに滞在していた親英的なモハマド・ナディル・シャーに国内の再統一を要請した。

ナディル・シャーはこの要請を受け、南東部のパシュトゥン人を糾合して、一九二九年一〇月カブールに攻め入り、政権を掌握した。バッチャ・イ・サカオは逃亡したが捕らえられ、公開の場で絞首刑に処された。

ナディル・シャーの出現は、親英政権へのソ連の警戒心とアマヌラー・ハーン一派の政権奪取の野望を結びつけた。新国王は誕生したが、前国王と結びついた反乱が続いており、ナディル・シャーの弟の駐ベルリン大使モハマド・アジズ・ハーンも暗殺されていた。ソ連はこの機に、親英政権を排除しようと、アマヌラー・ハーン派のグラム・ナビ・チャルキ将軍に政府転覆を企てさせた。一九三二年一一月、この計画を知ったナディル・シャーは将軍を宮殿に喚問し、その場で部下に銃殺を命じた。

ナディル・シャーは、そのちょうど一年後の三四年一一月、宮殿での優秀な学生を表彰するパーティの場で凶弾に倒れた。犯人は、グラム・ナビ・チャルキの書生だった。

ザヒル・シャーの登場

ナディル・シャーには三人の兄弟が健在だったが、後を継いだのは、たった一人の息子、弱冠一九歳のモハマド・ザヒル・シャーだった。アフガニスタン王国最後の国王となる、この若者が選ばれたのは、王室内の骨肉の争いを深めないという知恵からだった。

統治経験のないザヒル・シャーを支えたのは、ナディル・シャー時代からの首相だった叔父のサルダル・ハシム・ハーンで、一九四七年に在職一七年を経て引退するまで、国務のすべてを預かり、国王は君臨するに留まっていた。

ザヒル・シャー時代は、内外ともに多難さを感じさせるときに始まった。国内では、アマヌラー・ハーン派が壊滅されたわけではなく、経済も依然として混乱状態にあった。世界では、一九三一年に満州事変が起こり、三三年には日本が国際連盟から脱退した。ドイツでは三三年に、ヒトラーが首相に就任し、独裁を確立し、第二次世界大戦の前夜が形成されつつあった。アフガニスタンへのソ連の圧力も警戒しなければならなかった。

ハシム・ハーンの独善的だが断固とした姿勢は、この時代を乗り切るには適していた。国内の混乱を収めるために、リベラル派やアマヌラー・ハーンの支持者を徹底的に弾圧した。経済面では、商業組織を整備して国立銀行を設立し、ドイツをはじめ、英国、フランス、日本などからは近代的工業機械を輸入し、専門家も招請した。こうして経済の基盤作りに成功した。

ソ連に憎悪心すら持っていたハシム・ハーンは、ソ連大使館員の動向を間断なく監視し、ソ連と国境を接するヒンズークシ山脈北側一帯の情勢には、とくに注意を払った。

だが、大戦前の緊迫感が高まる中で、アフガニスタンが、ドイツ、イタリア、日本との経済協力関係を次第に深めていったため、ソ連、イギリスはアフガニスタンへの不安を持ち始めた。一九三九年、第二次大戦が始まり、四一年にはドイツがソ連に侵攻した。この年一〇月、アフガニスタンは大戦での中立を宣言した。

ザヒル・シャーという人物は、父ナディル・シャーに可愛がられて育ち、おっとりとした性格だった。暴力的なものを嫌う心優しさを持ち、思慮深くはあったが、優柔不断で、勇猛果敢を男の美徳とするアフガニスタンでは、毛色が変わっていたかもしれない。叔父のハシム・ハーンには、頭を押さえられ、国政に口出しはできなかった。

ハシム・ハーンが一九四七年に引退し、国防大臣を務めていた彼の弟のサルダル・シャー・マハムドが後任の首相になったことで、ザヒル・シャーは重石をのけられ安堵した。だが、依然として国政に直接参画することはなかった。

マハムドは基本的にハシム・ハーンの方針を引き継いだが、このころになって政治的自由を求める声が拡大し、その背後で、アフガニスタンに影響力を伸ばそうとするソ連の陰謀が動き始めた。第二次大戦後の冷戦は、一九四七年三月、米国のトルーマン大統領の有名な「トルーマン・ドクトリン」発表で、明確な形をとっていた。

マハムドは一九五〇年に米国を訪問した。その訪問中に、カブール駐在のソ連大使は、将軍サルダル・モハマド・ダウドと秘密裏に接触した。ダウドは、ナディル・シャー時代に暗殺された駐ベルリン大使モハマド・アジズ・ハーンの息子で、ザヒル・シャーの従兄弟にあたる。学歴はないが、その血筋で将軍に取り立てられていた。非常な野心家で、国王の座を狙っていたとされる。

この秘密会合には、のちの共産主義政党・人民民主党指導者となるバブラク・カルマルも同席していた。カルマルは、その時点ですでにソ連との接触を持っていた。ソ連は、その会合でダウドの野心につけ込み、政党結成をそそのかした。

そのダウドが一九五三年、首相に就任した。政治改革要求が高まり、経済も停滞し、マハムド首相が辞任に追い込まれたためである。

野心家ダウドのソ連接近

ダウドは首相に就任すると、ソ連に急接近した。それまでのアフガニスタンは、ロシア時代も含めて、歴史的にソ連への警戒心を決して忘れなかった。その外交の伝統が、大きく変化した。だが、ダウドは、いかなる意味でも共産主義者ではなかった。王家の毛並みの良い血筋で、広大な土地を持つ地主である。権力の頂点を目指すダウドの野心とアフガニスタンに確固たる足場を築こうとするソ連の意図が結びついたのである。

ダウドは首相在任中に、四万六〇〇〇人の若者をソ連の衛星国であるチェコスロバキア、ポーランド、ブルガリアへ訓練のために派遣した。ハイウェイ網、空港、穀物サイロなど、ソ連からの様々な大規模建設援助も受け入れた。軍備に関しては、一九五四年に米国がアフガニスタンの購入要請を拒否したこともあって、翌五五年にソ連と交渉し、戦闘機、戦車から小銃に至るまでソ連から購入した。この年の秋には、ソ連から首相ブルガーニンと共産党第一書記フルシチョフがアフガニスタンを訪問し、最大級の歓迎を受けた。ダウドは、アフガニスタンの経済復興を、ソ連の支援に頼って実現しようとし、五六年には、ソ連とブルガリアがアフガニスタン援助で合意した。

外交面では、ソ連を敵視する隣国のイラン、パキスタンとの関係を悪化させ、米国との関係も冷却した。内陸国アフガニスタンにとっては、海外からの物資を輸送する経路であるパキスタンとの関係は非常に重要であるが、その国境も閉鎖され、国内経済に大きな影響を及ぼした。

その一方で、アフガニスタン国内には、ソ連からの技術者、専門家などが多数派遣され、技術指導や訓練にあたった。また、マルクス・レーニン主義などの共産主義文献も広く出回るようになった。

アフガニスタンのソ連への接近は、当時の第三世界の動向を反映するものでもあった。五五年には、インドネシアのバンドンで、新興国による歴史的なアジア・アフリカ会議が開かれ、インドネシアのスカルノ、北ベトナムのホー・チミン、中国の周恩来、エジプトのナセルなど、帝国主義支配からの脱却を掲げる、そうそうたる顔ぶれの指導者たちが一堂に会した。彼らは非同盟・中立を謳ったが、米国よりもソ連に好意的で、近い関係を作っていた。だが、ソ連と直接国境を接しているアフガニスタンにとって、ソ連との関係は友好スローガンだけで済むものではなかった。

ザヒル・シャー立ち上がる

ザヒル・シャーは、長い時間をかけ、政治学と王道学を学んでいた。そこから得たものは、アフガニスタンの発展には、西欧的民主主義の確立、西側諸国との関係改善、ソ連の脅威排除、そしてソ連と組んで自分の王位を倒そうとするダウドの排除であった。

利権集団に囲まれ腐敗したダウド政権への不満は、国民の間で次第に高まっていった。一九六三年、その機会をじっと待っていたかのように、ザヒル・シャーは国王就任以来初めて、自らの理想を実現するために、自らの主導で国政を動かした。絶対君主制を廃し、西欧型民主主義をモデルとした立憲君主制へ移行する新憲法の草案を作ったのである。

草案は前文以下一一章一二八条から成り、国教はイスラム教としつつ信仰の自由を認め、司法、行政、立法の三権分立を定め、言論、出版など個人の自由を認めている。そして第二四条では「王室の政治関与禁止」を規定し、首相、各省閣僚、国会議員、最高裁判所判事にはなることができないと明文化している。この条項は直接的には、ダウドを標的にしたものである。

ザヒル・シャーは、この草案を突きつけ、ダウドを辞任させた。新憲法は翌六四年一〇月正式に発布され、「カブールの春」と呼ぶべき自由の時代に入り、それは一〇年続いた。だが、この期間は、やがてソ連がアフガニスタンに直接介入し、この国が泥沼の戦争に突入する下準備の時代にもなった。それを可能にしたのは、皮肉にも、ザヒル・シャーが与えた「自由」であった。

王政転覆

ダウド罷免後のアフガニスタンは、西側諸国との関係緊密化を図り、かつての経済開発事業はソ連にほとんど占められていたが、西側諸国からの援助が急増した。また、悪化した、隣りのパキスタンとの関係改善にも乗り出した。

パキスタンは一九四七年に、イギリスの撤退でインドとともに独立したが、その後のアフガニスタンとの関係は常に緊張をはらんでいた。四九年には、アフガニスタン国会が、イギリスの画定したアフガニスタンと英領インドの国境線デュランド・ラインを承認できないと非難した。このラインは新生独立国パキスタンとの国境になったが、かつてのアフガニスタンはパキスタン領内のかなりの部分まで勢力範囲としていた。この地域は、パシュトゥン人の伝統的居住地だった。その年には、国境の両側に跨るパシュトゥニスタンの独立が宣言された。この宣言は、国際的には、まったく相手にされなかったが、アフガニスタンはその動きを、むしろ支持した。

ソ連と接近したダウド時代には、ソ連の意向もあって、ソ連を敵視するパキスタンとの対立をさらに深めた。

パキスタンからすれば、独立以来対立する大国インドと背後のアフガニスタンに挟撃される最悪の戦略地図の中に置かれていた。アフガニスタンとの良好な関係を作ることは、パキスタンの国家課題であり、のちにタリバンを支援したのも同じ理由からであった。

ダウドのあとの首相モハマド・ユスフはパキスタンとの関係修復に成功した。当時の世界情勢は複雑化していた。六二年には、一枚岩だった社会主義陣営の中国とソ連の対立が表面化し、六三年には、中国と国境紛争を起こしたインドがソ連に接近した。このためパキスタンは中国に近寄った。米国は、ソ連包囲網作りで、イランとパキスタンへのテコ入れを始めていた。アフガニスタンがパキスタンとの関係を改善をしたのは、こういう時機であり、その結果は、ソ連包囲網の強化につながった。ソ連がザヒル・シャーの西側接近を警戒するのは当然であった。

アフガニスタン国内では、ザヒル・シャーの自由化の意向を受けて、政治的発言が活発になされるようになった。学生運動も盛んになり、公然とした政府批判も可能になった。国会の意見は従来よりも尊重され、国政への発言力を増した。だが、急速な自由化は、統制のきかない混乱をも生んだ。ユスフ首相が興奮した学生によって、車から引きずり降ろされるという騒ぎや、国会内での議員同士の殴り合いの乱闘も起きた。

政治活動の制限緩和は、地下に潜っていた共産主義者の活動余地をも広げた。六五年一月には、秘密裏に共産主義政党「人民民主党」が発足した。この政党は、ソ連と親密な関係にあり、当時の反政府デモの多くを背後で操った。創設者のバブラク・カルマル、ハフィズラ・アミンは、それからしばらくして国会議員にも選出されている。

六〇年代後半から七〇年代初めにかけては、世界中にスチューデント・パワーが盛り上がった。

アフガニスタンも例外ではなかったが、社会不安を煽る共産主義勢力に利用された。国会は議員間の対立が激しく統制がきかなくなってきた。また近代化政策は、伝統的なイスラム教徒の反発を招き、地方からも不穏な空気が伝わってきた。一方、ソ連は、アフガニスタンの西側諸国への接近をソ連敵視政策だと強い言葉で批判して、外交的圧力を加え始めた。

ザヒル・シャーの最後の一〇年間は、首都カブールは明るく、きらびやかな装いになり、女性たちは現代的ファッションを楽しみ、のちの内戦時代からすれば、夢のような時代でもあった。その雰囲気の中で、ザヒル・シャーを倒す計画が着々と進められた。

権力を奪われたダウドは、ザヒル・シャーへの復讐と自らが支配者の座に着く機会を虎視眈々と狙っていた。ソ連は、バブラク・カルマルを通じ、ダウドと接触を保っていた。政治的混乱の拡大は、ザヒル・シャー打倒の機会到来となった。

ソ連は、アフガニスタン政府に対し、ソ連最高幹部会議長ポドゴルヌイを公式招待するよう要請し、ザヒル・シャーは拒否できず受諾した。一九七三年五月二〇日、カブールを訪問したポドゴルヌイは、国王との会談で、アフガニスタンの米国接近に反対する立場を表明し、非公式会談では、国王を露骨に脅迫した。ポドゴルヌイはザヒル・シャーに「国王になって何年たったか」と質問し、「四〇年」と答えると、「四〇年もたって疲れているに違いない。休みが必要だ」と述べたという。

ザヒル・シャーはダウドの危険な動きも察知していたが、優柔不断な態度を続け、断固たる対応を避けていた。だが、ポドゴルヌイの脅迫と相まって、自分の国王としての終わりを悟り、国外へ脱出する決意をした。その口実を探していたとき、カブール近郊の農園でボール遊びをしていた際、目に軽いけがをした。七三年六月二五日、治療の名目でカブールを出発し、ロンドンで一週間過ごしたあと、イタリアに渡った。

ダウドのクーデター

ダウドと人民民主党を支持する軍人たちを主体とする一派は、ザヒル・シャーが国を発った翌月の七月一七日午前一時、行動を開始した。反乱グループは、ソ連大使館から無線機と自動小銃を入手していた。戦車数両も加わった。夜明けまでに、反乱グループは、ザヒル・シャーの側近、アブドゥル・ワリ将軍、国王の留守を守る摂政のアハメド・シャー皇太子、ホマイラ皇后、ムーサ・シャフィク首相らの身柄を拘束し、権力奪取に成功した。ほとんど無血のクーデターだった。

午前七時、ダウドはアフガニスタン放送のラジオを通じて声明を出し、アフガニスタンは王政から共和制へ移行したと宣言し、自らの大統領就任を伝えた。この声明は、隣接するイラン、パキスタンを批判し、ソ連のアフガニスタン政策を称賛した。ザヒル・シャーは一か月余り後の八月二三日付けでダウドに手紙を送り、国王退位を伝えた。

アフガニスタンに突然、ソ連寄りの政権が誕生したことは、ソ連を警戒するイラン、パキスタンを狼狽させたが、米国は、末期に近付いていたベトナム戦争に気を取られ、関心を示す余裕がなかった。

ダウドは、こうして待望の権力を手中にした。だが、このころすでに、国家安全局、警察、情報局など、治安に関わる国家機関には、共産勢力が、かなり浸透していた。独裁志向の強いダウドのもとで、閣僚たちは日和見を決め込み、こうした情報はダウドに伝わらなかった。だが、クーデターから五か月後のその年一二月には、政権内部が共産主義者に浸食され、孤立している自分に気が付いた。

ザヒル・シャー時代の首相の一人、モハマド・ハシム・マイワンドワルの獄死がきっかけとなった。

マイワンドワルは、在任中、西側寄りの外交を続け、ＣＩＡ（米中央情報局）の手先と揶揄されたこともあったが、気骨のある愛国者ぶりを示し、国民に人気のある政治家であった。また作家・ジャーナリストとしても知られていた。ダウドのクーデターで逮捕され、死亡したときには自殺と発表された。だが、実際には、獄中で共産主義者に拷問され死亡した。ダウドのまったく関知していない出来事だった。

これ以降、ダウドは政権奪取で協力してきた人民民主党への警戒心を強め、政府部内からの共産主義者一掃を開始した。閣僚は大使として転出させ、軍からはソ連・共産圏で訓練を受けた将校が追放された。

ダウドが、はっきりと人民民主党、ソ連と決別したのは、一九七七年に入ってからである。一月に、大統領権限を強化する新憲法を導入するために、「ローヤ・ジルガ」を開催した。「ジルガ」とは、パシュトゥン人部族の意思決定をする伝統的集会である。「ローヤ・ジルガ」とは、これを全国規模にしたもので、王国時代から続いている。国会とは別に、国家的問題を討議し、決定する場である。例えば、アフガニスタンが第二次世界大戦で中立を守ると決めたときも、ローヤ・ジルガが招集された。

新憲法は承認され、これを契機にダウドは、かつてのソ連一辺倒から大きく転換し、民族主義、イスラム尊重という立場を鮮明に打ち出した。ダウドは、共産主義と敵対するイスラム原理主義組織「ムスリム同胞団」を徹底して弾圧していたが、それも緩和した。これによって、地下に潜っていた同胞団が表面に出て、共産主義と対抗する動きを開始した。

イスラム諸国や西側との関係改善にも乗り出した。イランからは経済援助を引き出し、パキスタンとは長年の相互不信に終止符を打ち、友好関係を作った。

ダウドは七七年四月にソ連の招待でモスクワへ行き、ソ連共産党書記長ブレジネフと会談したが、完全な決裂に終わった。

ブレジネフが、米国のアフガニスタン向け援助の停止と米国人専門家などの追放を求めたのに対し、ダウドは「ロシア人こそ最初に追放し、それから米国人の順番になる」と言い放って、翌日にはカブールに戻ってしまったという。ダウドは七七年には、人民民主党とつながる多数の閣僚、党幹部らを逮捕し、拘束した。

ザヒル・シャーを倒すために、ソ連と共産勢力が利用してきたダウドが一人歩きを始めた。アフガニスタンは、流血の共産クーデターへ向かって、着実に動きだした。

流血のクーデター

一九七八年四月二七日午前、人民民主党は、支配下にある軍部隊を動員して、カブール市内への総攻撃を開始した。戦車、戦闘機、攻撃ヘリが加わり、大統領宮殿や国防省に、砲撃、爆撃が加えられ、一般市民にも激しい銃撃を浴びせた。大統領支持派の部隊との衝突も市内各所で起き、市街戦となった。アフガニスタン放送局が反乱の拠点となり、人民民主党の指導者たちが集まっていた。その日未明にカブール空港に到着したKGB高官一五人が作戦の指揮にあたっていた。

午後五時には、ダウドとその家族が籠もった宮殿への総攻撃が開始された。翌二八日午前八時、歩兵部隊に包囲された宮殿に一〇人の兵士が入り、惨劇が起きた。宮殿の中で、兵士たちはダウドとその一族へ向け、自動小銃を乱射した。この虐殺で、ダウドをはじめ、王族の一八人が死亡した。二八日には、市内に混乱はあったものの、人民民主党の部隊がほぼ制圧した。この二日間の戦闘で、少なくとも一万五〇〇〇人が死んだとも言われる。

共産政権

宮殿の殺戮が終わったあと、人民民主党指導部とカブール駐在のソ連大使アレクサンドル・ポザノフが国防省の建物に集まり、第一回最高革命評議会が開かれ、新政権の陣容が討議された。その結果、最高指導者である革命評議会議長に、党中央委員会書記長ヌール・モハマド・タラキが選出され、首相に就任した。評議会副議長には、党創設者の実力者バブラク・カルマルが選ばれ、評議会員となったハフィズラ・アミンが外務大臣に就任した。

この三人はこれまでも、また、このあとも権力闘争を続け、一九七九年一二月のソ連軍によるアフガニスタン侵攻の原因を作り出していく。

流血の中から生まれた政権は、さらに、血の粛正を開始した。多くの前政権関係者や軍人、知識人などが次々と逮捕され、獄中の残酷な拷問で死んでいった。

内戦突入

タラキ政権は、その中心政策として、社会経済改革に乗り出した。社会主義の理念に基づき封建的社会構造を変革しようとするもので、土地改革、信用払いの利息や遺産相続の廃止、女性の強制結婚禁止、支配階級の私有財産没収、王族の市民権剥奪、男女同権の原則に基づく女子教育の実行などが布告された。

こうした施策は、アフガニスタンの伝統社会を根底から否定するものであった。土地改革では、地主から収用した土地を、小作人一家族に、〇・六～〇・八ヘクタールを分配することになった。だが、アフガニスタンの農村では、地主と小作人は、数世代にわたって同じ村に住み、それによって成り立つ村落社会の調和の中に生きていた。信用払い、遺産相続、結婚制度も伝統やイスラム教に基づくしきたりに欠くことのできない部分であった。保守的な伝統では、女性は外を出歩かないのが普通で、アフガニスタンの田舎では女子の就学率は非常に低い。この慣習は、のちのタリバンの政策にも見ることができる。

七八年七月には早くも、ソ連に操られたタラキ政権とその施策に対する反感は国中に広がり、部族による武装蜂起が各地で始まった。彼らは、イスラム教の聖戦・ジハードを宣言した。ジハードを闘う戦士は、ムジャヒディンである。こうして、この時期に、のちに侵攻してくるソ連軍に果敢な戦闘を挑んだムジャヒディン組織が形成されていった。ソ連もタラキ政権を支える困難さに気付き、アフガニスタンに、数千人の軍事顧問を送り込み、ＭＩ24攻撃ヘリ、Ｔ62戦車などの兵器を鎮圧用に供与した。

七九年初めには、武装蜂起は、ほぼ全国に広がり、政府は陸・空軍を全面的に動員し、ソ連人の軍事顧問も前線に投入された。各地で熾烈な戦闘が展開され、死傷者は多数にのぼり全土が内戦に突入した。

政権内の権力抗争

人民民主党内では、二つの派が支配権をめぐって競い合っていた。

このソ連派共産主義政党は、一九六五年一月一日、カブールで密かに発足した。書記長に選ばれたヌール・モハマド・タラキの自宅に集まった二八人の中には、バブラク・カルマル、ハフィズラ・アミンの顔もあった。六七年、党は二派に分裂し、タラキ、アミンはハルク派、カルマルはパルチャム派の指導者になった。パルチャム派は王政を倒したダウドの政権に参画したが、ダウドがソ連と距離を置き、独自の道を歩みだすと、パルチャム派の多くは逮捕された。

事態を重くみたソ連の圧力で、七七年に両派は再統合した。ハルク派は軍内部への浸透に成功し、その中心になったアミンが七八年クーデターの実質的指揮者だったとされる。クーデター後の政権で、両派は閣僚ポスト数を等しく分けあい、カルマルは、革命評議会副議長・副首相に就任したが、ほとんど実権を持てなかった。

両派は再統合したとはいえ、決して和解したわけではなく、新政権発足後、権力抗争を再開した。クーデターから四か月後の七八年七月、各地の反乱で治安が乱れる中で閣僚会議が開かれ、タラキとアミンは、混乱の責任はカルマルとその一派にあると激しく批判した。カルマルはこの会議をきっかけに抗争に破れ、プラハ駐在大使に飛ばされた。ソ連に忠実なカルマルは、のちにモスクワに渡り、ソ連の保護下にあった。

この政変を操ったのは、カルマルの後釜の副首相に就任したアミンで、最高権力の座を目指すための当面のライバル排除に成功した。カルマル追放に続いて、パルチャム派の徹底的排除が始まった。パルチャム派は、閣僚を含め二〇〇〇人が拘束され、激しい拷問の末に殺害されたとされる。

当時、治安維持は力に頼るしかなく、反政府的とみられた多くの人々がパルチャム派と同様の目にあった。刑務所が不足し、徴用された建物にまで数千人が監禁された。

アミンの権力奪取

ハルク派の最高指導者タラキはソ連を信奉していたが、アミンは非同盟中立の社会主義ユーゴスラビアの大統領チトーに理想を見ていたとされる。民族主義的で、自立したアフガニスタンの実現を求め、米国にも接近しようとした。ソ連はアミンの動きを警戒し、タラキの協力で、アミン暗殺を計画した。

七九年九月一四日、タラキは大統領宮殿にアミンを呼び出し暗殺しようとしたが、アミンが寸前に気付き、宮殿内での銃撃戦になった。タラキはこのとき重傷を負った。アミンは辛うじて宮殿を脱出し、国防省を掌握して素早い反撃を開始した。翌日にはタラキ派の排除に成功し、一六日夜、タラキが「健康上の理由」で大統領を辞任したと発表し、アミンが新大統領に就任した。タラキはその後数日して、大統領警護隊員によって顔に枕をあてられ窒息死した。

ソ連から自立しようとするアミンは、ダウドの末期とそっくりの道をたどった。反ソ連陣営の西側諸国との関係改善へ向かったのである。とくに、パキスタンとの関係修復に積極的に乗り出した。その一方、ソ連からの経済援助にも頼ろうとし、各地の反乱への対処には、ソ連の軍事的支援を受けていた。だが、ソ連への従属から抜け出そうとするアミンの登場は、ソ連のアフガニスタン軍事侵攻を決定付けた。

ソ連が軍事介入の計画を持ち始めたのは、それより半年前の七九年三月に、アフガニスタン西部の古都ヘラートで起きた大規模な反乱がきっかけではないかとみられる。反乱には、ヘラートの政府軍第一七歩兵師団のほとんどが寝返って参加した。これに対し、政府側は、空軍機でヘラートを爆撃し、政府に忠実な部隊を外から送り込み、激しい戦闘になった。反乱は鎮圧されたが、五〇〇〇人以上が死亡し、その中にはソ連人一〇〇人も含まれていた。

当時の政府軍は分解寸前だった。七九年末までには、旅団全体が反乱側に寝返る事態も起き、九万人いた総兵力が四万人にまで減少した。また将校の半分以上は、粛正、処刑、逃亡で消えていた。ソ連は、アフガニスタンを人民民主党政権だけに任せておけなくなっていた。

ソ連軍侵攻

ソ連の軍、KGBはアフガニスタンの軍内部に、かなり浸透していた。七九年四月には、ソ連軍のアレクセイ・S・イェピシェフ将軍がアフガニスタンを訪問した。この人物は、ソ連軍が六八年にチェコスロバキアに進軍した際にも、事前に現地の状況把握のために派遣された。八月には、チェコ侵攻軍を指揮したイワン・G・パブロフスキ将軍が六〇人の将校を引き連れて、アフガニスタンに数週間滞在した。

一二月に入るとソ連軍の動きはあわただしくなった。一八日には、大統領アミンと事前協議もなく独断で、ゲリラ部隊を排除するとの理由で、ヒンズークシ山脈の要衝サラン峠に大兵力の自動化部隊を派遣した。サラン峠には、ソ連国境からカブールに至る重要幹線道路がトンネルを貫いて通っている。

一二月二四日、ソ連の大軍がついに動き出した。アントノフAN12、AN22輸送機が、カブール国際空港と首都北方のバグラム空軍基地に、一万人の兵員、数百両の戦車、兵員輸送車を降ろした。ソ連トルクメン共和国からは五万人が国境を越え、ヘラート、さらに南部カンダハール方面にまで展開した。ウズベク共和国からは三万人が入り、北部マザリシャリフなどに配置された。タジク共和国からは、アムダリア川のシルハン港とパミール高原のふたつのルートから、それぞれ一万人が侵入した。総兵力は一一万人に達した。

ソ連軍の首都攻撃は一二月二七日午後五時に開始された。市外の三方面から進軍し、放送局、軍施設などへ砲撃を加え、戦車が突入して次々と要所を制圧していった。

アミンは攻撃開始まもなくの午後五時半ごろ、ソ連内務次官ビクトル・S・パプーチンが八人のKGB将校らと大統領宮殿に入ったあと射殺された。

午後一〇時、アミンとの権力闘争に破れ、ソ連で生活していたバブラク・カルマルが、タジク共和国の放送を通じ、アミンの死亡と自らが革命評議会議長に就任し全権を掌握したと宣言した。ソ連軍に対する抵抗は三日後の二九日までは続いたが、その日の午後には、それも収まり、首都は制圧された。

国際的非難

一九七八年から七九年にかけて、世界の目は、隣国イランで起きたイスラム革命に奪われていた。このためソ連軍のアフガニスタン侵攻は突然の出来事として捕らえられた。だが、直ちに、この大規模な他国への軍事介入は非難の嵐を世界に巻き起こした。米ソ間のデタントは吹き飛び、米国はソ連との第二次戦略兵器制限条約（SALT）の批准を凍結し、ソ連向けのハイテク製品、戦略物資、穀物の輸出を禁止した。国連は緊急総会を招集し、圧倒的多数でソ連非難決議を採択した。イスラム諸国、非同盟諸国もソ連を強く非難し、ソ連のアフガニスタン侵攻は、世界のほとんどすべての国から拒否された。この侵攻で、八〇年夏に開催されたモスクワ・オリンピックは、西側諸国によって参加をボイコットされた。

ソ連軍

カルマルは、ソ連によって権力の座にすえられたという一点だけで、現在までアフガニスタンで最も嫌われている政治家である。

アフガニスタン支配へのソ連の直接介入は、抵抗運動、反乱をますます激しいものにした。ソ連軍は、ミグ戦闘機、T64戦車、攻撃ヘリ、さらには化学兵器まで所有し、近代兵器の圧倒的戦力を行使して、反政府勢力の壊滅作戦を開始した。対するアフガン人の武装は貧弱で、ときには骨董品の火縄銃まで持ち出してきた。そんな敵を相手に、ソ連軍は、たちまち苦戦に陥った。

ソ連軍の作戦は、世界中の軍事教科書通りのものだった。敵に対し、まず、空爆や大砲、ロケット砲などによる大量の火器攻撃を加える。続いて、戦車などの機甲部隊が応戦の動きがないか確認しながら、ゆっくりと進む。そのあと歩兵が投入され、あらゆる動くものを標的として射撃を加え、作戦目標を達成する。

米国陸軍の研究によると、ソ連軍は当初、アフガン人との接近戦、掃討行動は必要ないと考えていた。圧倒的な重火器と爆撃戦闘機の攻撃があれば、貧相な武装で、かつ未熟な敵はたちまちのうちに壊滅するか、パキスタンやイランへ国境を越えて逃亡すると考えていた。だが、伝統社会が生み出したムジャヒディンたちは、臨機応変に動いた。敵の激しい爆撃のもとに居残ったり、圧倒的火力と対峙するような無駄なことはしなかった。巧みに撤退し、数時間後か、あるいは数週間後でも、再び戻ってきて、油断しているソ連軍を攻撃した。ムジャヒディンたちは、やがて、士気を失った政府軍から奪った武器や国外から入手した武器で、装備を次第に近代化させていった。

彼らは山岳地帯の複雑な地形を利用した待ち伏せ攻撃も得意だった。こうしたところでは、ソ連軍の戦車が威力を発揮することはできなかった。

徴兵で送り込まれたソ連軍兵士たちには、最初から辛い戦争になった。派兵される前の短い政治教育で、米国の帝国主義と闘うと教えられたが、貧しいが頑固な敵と直面し、闘うよりも生き残るほうが重要だと知った。ソ連軍の規律も乱れた。多くが麻薬に走った。カブールに潜んでいたムジャヒディンは、ソ連兵殺害にハシシを使うと筆者に語った。善意を装い、昼間、ソ連兵にハシシを渡し、夜間の歩哨に立っているときハシシを吸って気を緩めている兵士を背後から襲って、首をナイフでかき切るのだという。

アフガニスタンでの恐怖の体験は、帰還後も彼らのトラウマになった。軽い場合は、突然敵に襲われる幻覚で、からだがすくむ症状が出て、次第に、その頻度が減少していく。だが、自殺者もいるし、何年たっても症状が消えないケースもある。現在は独立しているタジキスタンの元ソ連兵退役兵同盟メンバーによると、首都ドゥシャンベでは、街の通りで、意味もなく突然激怒する男がいれば、たいていアフガニスタン帰りだという。

ソ連兵を襲ったのは、ムジャヒディンだけではない。世界最貧国の劣悪な衛生状態が、もうひとつの無視できない敵となった。米陸軍出身の研究者らが、ロシアの資料をもとに作成した論文がある。

それによると、ソ連軍が一九八九年二月にアフガニスタンから完全撤退するまでに、のべ六二万人の兵士が投入され、一万四四五三人が死亡した。この死亡率二・三三％は過去の戦争と比べると決して高くはない。だが、病院への入院者数となると異常に高い。総数は四六万九六八五人で、全兵士の七六％に達する。このうち、負傷は一一・四四％（五万三七五三人）にすぎず、残りの八八・五六％は重病者だった。つまり、全兵士の四三％が重病の入院患者になったことを意味する。肝炎、腸チフス、ペスト、マラリアなど感染性の病気がほとんどだった。原因は清潔な飲料水の不足だった。病気の発生場所は、駐屯基地内が最も多かったが、これは食料のある場所にネズミが集まり、シラミがわいたためだった。

八一年一二月には、第五自動化ライフル師団で肝炎が大量発生し、兵士三〇〇〇人が発病した。このため師団全体の戦闘能力がなくなった。肝炎発病の主要原因は、ウイルス、飲酒、麻薬だった。

ゲリラ闘争は、住民の支持があってこそ成り立つ。アフガニスタンが、まさにそうであった。ソ連軍にしてみれば、ゲリラと非戦闘員住民の区別がつかなくなり、兵士は疑心暗鬼の心理状態になっていった。軍事侵攻してから、わずか数か月後には、まるで、アフガニスタンを支配するために、アフガン人を皆殺しにしようとしているかのような、ソ連軍の無差別大量虐殺が伝えられた。

一九八〇年五月、ガズニ州で戦闘が起きた際、ワギズ村の住民が、地下灌漑水路のカレーズの中に避難したが、ソ連軍は化学物質を入れ、少なくとも三〇人を殺害した。

同年七月、ガズニ州ダイミエルダードでは、住民と家畜を大量虐殺し、家や村を破壊した。この時の死者は数え切れないほどで、死者は埋葬されないまま数日間放置されていた。

同じころ、北部バグラン市近郊の村で、ソ連軍戦車がムジャヒディンの待ち伏せ攻撃に遭い、その報復でソ連軍はバグラン市で住民を無差別に標的とし、五〇人を殺害した。一〇月には、人民民主党員を除く住民を一か所に集めて射殺し、ブルドーザーで掘った穴に放り込んだ。その数は五〇〇〇人に及んだともいう。

八月一六日、西部のヘラートで最悪の事態が起きた。当時、共産主義政権はヘラートを支配できないでいた。ソ連軍は南方のシンダンド基地から部隊を送り込み、総攻撃を加え市民三〇〇〇人を殺し、金、銀などの貴金属類を略奪した。

一〇月中旬、ムジャヒディンの動きが活発になっていたラグマン州に派遣されたソ連軍部隊は、アリシャン渓谷の村で、ムジャヒディン三人の抵抗に遭い、全村が敵とみなし、三五〇人、あるいは一一〇〇人とされる多数の住民を殺害した。

ソ連軍はアフガン人のあらゆる集会を敵意あるものとして警戒した。八〇年九月に、ファラー州バラブルク地区のガンジャバード村で、数百人の住民が結婚祝いをしている最中に、ソ連軍の攻撃ヘリ部隊が突然ロケット砲攻撃を開始し、一五〇人が死亡した。

ソ連軍による無差別住民殺戮や略奪の事例は、その後撤退するまで、数え切れないほど伝えられた。

ソ連軍が国際的に禁止されている化学兵器を、アフガニスタンで密かに使用したのも間違いない。米国の国務長官ジョージ・シュルツは、「一九八一年一月から一〇月にかけての戦場報告は、ソ連軍が抵抗勢力に対し、化学兵器、毒性兵器を限定的に使用していることを示した」と報告した。その報告によると、アフガニスタンの一二州で、黄、黒、赤、白色の物質が神経ガスとともに、航空機、攻撃ヘリ、武装装甲車から発射された。また細菌から作られる毒素マイコトキシンが使用されたことも確認されたとしている。さらに、八〇、八一年に報告された「茶褐色の霧」を浴びた犠牲者は皮膚に気泡ができ、吐き気を起こすなど、米軍がベトナムで使用した「黄色い雨」に症状が似ており、致死性の化学物質がアフガニスタンで使用されているとの判断を補強すると結論付けている。アフガニスタンは、まさにソ連にとってのベトナムだったのである。

Ⅳ章　アフガンの夏

撮影：鈴木雅明

ソ連軍が早くも苦戦を強いられた一九八〇年に、筆者は読売新聞の「前線記者」としてアフガニスタンを歩き回っていた。当時のアフガン人の生きざまを、その年六月に掲載された連載ルポで見てみよう（以下は、読売新聞社の了承を得て転載した）。

「いったい、あんたは何者だ」――アフガニスタンで過ごした一か月が終わりに近づいたころ、毎日顔を合わせていたイスラム・ゲリラの若者が突然たずねた。「美術学生」で通していた私は、そのとき、初めて身分を明かした。ソ連の軍事介入からすでに六か月。アフガニスタン政府は今ではジャーナリストの入国を全面的に禁じているが、西側記者は、ときに、こっけいなほど変装をこらして潜入を試み、動乱のアフガニスタン・レポートを送っている。私もその一人だった。

ゲリラ事務所

手を見れば農民

街角で、レストランで、バザールで、反政府勢力を支持する人に接するのは実に容易だ。それどころか、イスラム・ゲリラ（ムジャヒディン）を自称する男たちも決して珍しくない。

「彼」はそんな男たちの話の輪のなかにいた。引き締まった顔にひげをたくわえ、ぼさぼさの長髪は、ほこりにまみれ、つやを失っていた。ギラギラ光る目。ごつごつとマメだらけの手は、まさに農民のものだった。

「きのうはロシア兵一〇〇〇人が殺された」「ソ連軍の戦車一〇〇台が破壊された」——大げさなうわさ話を静かに聞いていた彼はふっと姿を消した。

「あれは、だれだ?」。周囲の男に聞くと「ガズニ（カブールの南約一五〇キロ）からきた農民さ」と言って、名前まで教えてくれた。

彼を再び見たのは、翌日だった。大声で呼びかけると、目を丸くしてとんできた。「どうして、オレの名を知ってるんだ」。それを受け流して「君はムジャヒディンだろ」と問い返すと、一瞬、戸惑ったが、彼はあっさりうなずいた。ガズニで戦闘に参加したあと、カブールにきているのだという。

アフガン・ゲリラと「美術学生」の奇妙な交友関係は、こうして始まった。私はもともとジャカルタの常駐特派員である。アフガニスタンへの取材命令を受けたとき、ちょっと考えた。ジャーナリストがこの国へ潜入する手口は、いくつかある。もっとも冒険的な方法は、パキスタンからゲリラに同行して山岳地帯の国境を越えるやり方だ。が、私は別の方法をとった。ジャカルタで、ジャワ更紗（さらさ）の学校に入学金を払い学生証を手に入れた。カブールの空港では、学生証がものを言い、簡単に一か月の滞在ビザを発行してもらえたのである。

外国人に対する当局の監視が厳しい一流ホテルは避け、一泊四〇アフガニ（約二〇〇円）程度の木賃宿を泊まり歩いた。紺碧（こんぺき）の空が目に痛いほどまぶしい朝、そして、砂アラシで何もかも茶色にかすんでしまう午後。冬の間の断続した市街戦こそおさまっていたが、ソ連軍兵士やアフガニスタン政府軍の装甲車はいたるところで目についた。

街頭で知り合ったゲリラの若者は、美術学生と名乗る日本人をさして疑いもせず、彼らの秘密事務所に招いてくれた。戦車が通る大通りから少し入った、何の変哲もない木造家屋である。隣はみやげ物店。四畳半ほどの狭い一室に、二〇代前半の若者が三人、ペルシャじゅうたんの上にいた。珍しい〝客人〟として、私は拍子抜けするほどすんなり受け入れられた。

そこは、アフガニスタンでは最大かつ最強といわれるゲリラ組織ヒズビ・イスラムがカブールに持つ三つの秘密事務所の一つだった。以来、私はその事務所で昼間はお茶を飲みながら雑談し、力比べが好きなアフガンの若者と腕相撲に興じた。夜はイギリスのＢＢＣ放送が伝えるニュースを聞き、アフガニスタンの将来をともに話し合った。彼らは皆、英語が達者だった。

緊張隠すのどかさ

一見、実にのどかな毎日だった。だが、彼らが常に緊張していることはすぐにわかった。夜の、私たちだけの間のあっぴろげな話は、昼間は〝ご法度〟だ。ある日、前夜の続きのつもりで話を始めたら、冗談ではぐらかされた。部外者のアフガニスタン人がいたからである。

事務所の仕事は情報収集、地方との連絡、パキスタンのペシャワルにある本部からの指令伝達が主なもののようだった。本部から受ける報酬はひと月三〇〇〇アフガニ（約一万六〇〇〇円）。

煙をあげるソ連基地——カブール郊外で　（撮影：鈴木雅明）

高校卒の月給がカブールで二〇〇〇アフガニ程度だから悪くはない。

ある夜、「あすは何かあるかもしれない」とささやかれた。翌朝遅く目を覚まして驚いた。カブールの空が真っ黒な煙で覆われているではないか。郊外のソ連基地が襲われ、戦車、油送車が破壊されたためだった。

こんなこともある。「望遠鏡が手に入らないか」とゲリラたちは言う。「そんなもの、レンズがあれば子どもでも作れる」と私が得意になって説明しはじめると、彼らの顔が急にしらけはじめた。飛行機を撃ち落とすための照準器を欲しがっていたのだ。平和な国、日本の「学生」はそのとき、よほど世間知らずに見られたに違いない。

ハザラの怨念

社会の最下層に

アフガニスタンの支配民族はアーリア系パシュトゥン族である。人口の五〇%以上を占めるといわれている。日本人によく似たモンゴル系のハザラ族は一〇%程度といわれ、社会の最下層に位置している。いわば被差別民族だ。だが、彼らはチンギスハンの子孫であり、その誇りを決して忘れない。

カブールのゲリラ事務所で私が親しくなった若者たちは、全員ハザラだった。

一流ホテルで働くパシュトゥンの若い女性に、いじわるな質問をしたことがある。「ハザラの男と結婚できるか」。彼女は即座に首を横に振った。「日本人は、ハザラと同じ顔をしている。しかし、町でちやほやされる。日本人とならいいか」。彼女は顔をこわばらせ、とうとう答えなかった。ゲリラ事務所でこの話をしたら、ハザラの若者たちは大喜びした。「兄弟」と口々に私を呼んで肩を抱いてくれた。

一四、一五世紀にチンギスハンの騎馬民族は、この国を征服した。その征服軍がモンゴル系ハザラの起源だといわれる。だが、歴史の流れとともに、ハザラは奴隷の地位に落ちた。近代に至っても、掃除人、使用人といった職業しか、彼らの働き口はなかった。二年前の社会主義政権誕生以来、ハザラの社会的地位の改善がはかられたが、大勢は変わっていない。宗教面では、イスラム教のスンニ派が大勢を占めるこの国で、ハザラはシーア派である。

ゲリラの若者たちは言う。「パシュトゥンの反政府運動は、結局、金持ちが過去の利権復活を求めているだけ。真のイスラム革命は、われわれ以外にやり手はない」と。


「ソ連追い出すまで」


実は、アフガニスタンに正確な人口、民族別の統計は完備していない。各民族とも、自分たちの人口を多く見ようとする傾向がある。ゲリラ事務所の若者たちに言わせると、ハザラの人口は全体の五〇%にも達するのだ。確認のしようはない。

若者たちはまた、戦っているゲリラの大多数は、パシュトゥンだとするパキスタンからの報道はでたらめであり、前線のゲリラ兵士の大多数がハザラだという。

「ハザラが解放されたときに初めてアフガニスタンに真の民主主義が生まれる。われわれはまず、ハザラのために闘っている」。

民族間の対立が、反政府勢力の最大の弱みだ、とよく言われるところだ。本当だと思った。ハザラの若者たちも、それを知っていた。

「カルマル政権を倒し、ソ連軍を追い出すまでは、なんとか協力態勢を強めていきたい。そのあとに連邦制を実現したい。ハザラだけが住む州をつくりたいんだ」と目を輝かす。

「ゲリラは酒やらぬ」

この国の人はお茶が好きだ。日本茶に似た緑茶、紅茶に砂糖を入れ一日中飲んでいる。ゲリラ事務所でもそうだった。

「カルマルを紹介しようか。彼はオレ（アフガニスタン人を指す）のいとこ（ソ連人）の息子だ」

——こんな冗談を飛ばし合いながら、お茶をすすって大笑いする。その最中でも、お祈りは忘れない。順番に部屋のすみに行って祈る。よく聞くと口の中で「アラー・アクバル」（神は偉大なり）とつぶやいている。だれでも吸っているハシシに、ハザラは絶対に手を出さない。むろん、酒も飲まない。宗教の戒律は厳しく守られている。

ゲリラ事務所に近所の人も集まって、例のごとくよもやま話の花が咲いているとき、ウイスキーを一本提供してみた。数人の手が伸びた。だが、ゲリラたちは決して口にしなかった。

「ムジャヒディン（ゲリラ戦士）は絶対に酒はやらない」と若者の一人がきっぱり言った。

アフガニスタンで、いま起きている出来事を全体像としてどうとらえるか——いろいろな見方があるだろう。ハザラの若いゲリラの生活感覚を通して見ると、それは社会的、宗教的に少数派として抑圧されている者の解放運動にほかならないように思われた。

ソ連軍による昨年暮れの侵攻をきっかけに燃え広がった内戦は、この国が内部に抱え込んでいた社会矛盾をも一挙に噴き出させた。それは、遅かれ早かれ、やってくるものだったのかもしれない。ハザラの怨念（おんねん）である。

孤独な警官

ゲリラ事務所の常連

奇妙な取り合わせの散歩だった。美術学生を名乗ってはいるが、実はジャーナリストの私、田舎からカブールに遊びに来たと言いながら、本当はイスラム・ゲリラの連絡員を務める若い男、それに現カルマル政権を支える人民民主党パルチャム派に属する私服警察官。私たちは、三人連れだって夕暮れ時のカブール市内を散策していた。

公園のバレーボール・ゲームを見物し、すれ違う女性を品定めし、初夏のさわやかさを堪能した。本物の身分を明らかにしているのは、警察官だけだ。

その警察官は、まわりからカウボーイのあだ名で呼ばれていた。長髪、鼻の下のひげ、いつもジーンズの上下、ベルトに八連発のソ連製ピストルをはさんでいた。連日のように行われていた反政府、反ソ・デモ。カウボーイの姿はデモ見物のやじ馬にまじってよく見かけられた。

彼は、ゲリラ事務所の常連でもあった。ゲリラと同じハザラ族出身だったからである。

昼間、時間つぶしの雑談にふけっているときは、ゲリラ仲間と完全に溶け込んでいるかのように見えた。だが、ゲリラたちは、「ヤツには何も言うな」とクギをさしていた。そんな空気を感じとっていたに違いない。カウボーイは寂しかったようだ。ある日、私に打ち明け話をした。

「おやじは退役将校で、今、ゲリラの指揮官をしている。クニの連中は、みなムジャヒディンだ。兄弟もそうだ。オレは裏切り者なんだ。だから、村へ帰ったら殺される」。

ばつの悪そうな顔だった。

「パルチャムに入ったのは、学校を出てから職がなかったからさ。警察官には、前からあこがれていた。車は運転できるし、ピストルも堂々と持てる」。単純で軽薄なのである。前に麻薬取り締まりの研修で東京に三か月滞在したことがあるという。プレイボーイ気取りで遊び回っていたらしい。渋谷、赤坂、六本木あたりのバーやホテルの名前をやたら詳しく知っていた。

ピストル売ってやる

あこがれてなった警察官にしては、その職をまじめに全うしているとは思えなかった。彼がいつもベルトにはさんでいるピストルを売ってくれ、と冗談に言ったら、大まじめに乗り出してきた。「二〇〇ドルでいい。こんなものは警察にいくらでもあるから心配ない。空港を出るまで責任を持つ。フリーパスで通してやる」。

そのカウボーイが、実に悲しそうなのである。「警察官なのだから、オレはムジャヒディンの敵――」。でも、彼らの気持ちは理解できる。心の中は、オレもムジャヒディンさ」。身ぶり手ぶりを加えて必死に訴えてきた。

ゲリラ事務所では、同じハザラの気安さもあってか、カウボーイはときに露骨に「スパイ」と呼び捨てにされる。その場を苦笑いでごまかしているところは、いかにもつらそうだ。度重なると、堪忍袋の緒を切り、捨てぜりふを残してぷいと出て行ってしまう。だが、翌日になると、またやって来た。

はじめ、彼は何もかも知っていて、毎日探りに来ているのではないかと思った。だがほとんど毎日、顔を合わせているうちに、疑惑は消えた。ハザラ仲間に憩いを求めて来ていることが、はっきり読みとれたからだ。実に気のいい、憎めない男なのだ。

仲間にバカにされ

「真夜中のカウボーイ」というアメリカ映画があった。女殺しを気取り都会生活にあこがれて、一人の若者がニューヨークに出て来た。夢は無惨にくだかれ、それでも夢にすがりながら、最後はみじめに死んでいく。カブールのカウボーイとイメージが重複した。あの映画でダスティン・ホフマンが演じた狂言まわしのこそ泥は、カブールでは、さしずめゲリラの若者と私である。それに長身、ジーンズ姿のカウボーイ。なかなかさまになっている。

ピストルを構えたポーズは、まるで劇画の主人公だ。それでいて、ハザラ仲間にはバカにされ、真の友人としては扱ってもらえない。砂漠では、ゲリラの手で裏切り者は情け容赦なく処刑されていると聞く。彼自身が言うように、ゲリラにつかまれば、彼もまた、死は免れられまい。その時、「カブールのカウボーイ」は、どう叫ぶのだろうか。

素顔の兵士

連日、戦闘が伝えられるアフガニスタン国内を、バスを乗り継ぎ一周してみた。全行程二五〇〇キロ――。カブールに戻り日本大使館に顔を出したら、無事をひどく喜ばれた。もう一日、帰りが遅れれば、東京へ「日本人行方不明」と連絡するところだったという。途中で戦争に巻き込まれる危険はあったが、総じて快適な旅行であった。何より人々の温かいもてなしがうれしかった。ソ連国境に近い北西部の町マイマナで会った政府軍の若い下士官もその一人だった。

「給料がいいから」

黄土色の砂漠地帯から北上してマイマナの町に入ると、みずみずしい緑にほっとさせられる。郊外は青々とした麦畑、町の中はみごとな並木が続く。ソ連との国境にまたがって住むウズベク人の町のせいか、戦火も及んでいない。のどかな平和を久しぶりに見つけることができた。

私はホテルの庭先で、小鳥の声を聞きながらお茶を飲んでいた。そこへ肩からショールをかけた赤ら顔の若い男がやって来た。人なつっこく話しかける。政府軍の下士官で、休暇中だという。ひょんなきっかけで、その晩はウオッカでパーティーをやろうということになった。アフガニ

人なつっこいアフガンの人々と　（真中にいるのは筆者）

スタンは禁酒国ではないが、イスラム国家だけに飲酒に対する世間の目は厳しい。彼は町へ飛んで行き、どこかで密造ウオッカを一びん手に入れて戻ってきた。

日が暮れるとともに、ホテルのバラ園にイスとテーブルを並べた。メンバーは下士官と私、ホテルの支配人、近所の農民二人。満天の星を仰ぎ、ヒツジの焼き肉シシカバブをほおばりながら、ウオッカをあおった。

酔うほどに若い下士官は饒舌（じょうぜつ）になった。

「兵隊なんて、みんなワルだよ。酒は飲むし、ハシシは吸う。だれも本気で戦争する気なんかない」。

「なぜ軍に入ったかって？　経済的な理由だね。本当は教師になりたかった。でも、月給は二〇〇〇アフガニ（約一万円）。下士官なら、その三倍。正直言って戦争はいやだ。軍人もいやだ。早く辞めたいと思っている」。

武器くれる政府軍

政府軍には戦意が全くないといわれる。ゲリラも政府軍とは戦わないと言っていた。政府軍兵士は、武器をくれるからだ。「ムジャヒディンを殺したことがあるか」と彼に聞いたが、笑って返事をしなかった。

ソ連兵とアフガン兵は、ウマが合わないというのも本当らしい。「とにかく、ヤツらはきらいだ。

つき合う者などいない」。

ある程度、思想教育を受けているのは確かなようだ。「アメリカは帝国主義だ。日本もそうだ。帝国主義の国では、金持ちは家も車も持っているが、貧乏人は何も持てない」と言う。だが、矛盾したことも平気で言う。

「ザヒル国王（イタリアに亡命中）は封建君主だ。封建主義は悪い。しかし、国王はいまでも人気がある。帰ってくるべきだと思う」

元国王いぜん人気

一般庶民の間では、ザヒル国王の人気が上昇している。カブール市内のデモで、ときに「シャー（国王）万歳」の声が聞こえる。若い下士官の考えは、こんな庶民レベルの声を反映していた。だが、お仕着せの思想や世の中の流れに戸惑いながら、何か一生懸命に、考えているようにもみえた。

「僕は本物の共産主義者になりたい。与党の人民民主党は、パルチャム派もハルク派も権力抗争に明け暮れていてきらいだ。本物の共産主義とは、アフガニスタン人の国をつくることだ」。

ろれつが回らなくなった舌で、こんなことを言ってのけた。給料はたちまちウオッカに化けると言うが、殺し合いが続くアフガニスタンでは、何も感じないわけにはいかないのだろう。

間もなく彼は、「僕はふだんはイスラム教徒、酒を飲むときは共産主義者」とぶつぶつ言いながら、支配人の部屋にもぐり込んで寝入ってしまった。

外国人のアフガニスタン国内旅行は厳しく監視される。その夜、どこで聞きつけたのか、機関銃を持った警察官がどやどやとホテルにやって来て、私のパスポートをチェックした。

若い下士官は、その騒ぎの中でも高いびきをかき、眠りこけていた。

勇猛と優しさ

力比べで〝品定め〟

アフガニスタンを一人旅していると、外国人への好奇心を満たすためか、人々が次々と話しかけてくる。言葉を理解できる、できないは問題ではない。見知らぬ男が、どれだけ肉体的な強さを秘めているか——それが一番の関心事なのである。

ここでは、男は強いから男なのだ。おかげで私は、各地で力比べ、がまん比べの挑戦を受けた。

首都カブールから西部の町ヘラートへバス旅行したときもそうだった。片言の英語をしゃべる農村の若者三人連れが、もっぱら案内役を買ってくれたが、乗り継ぎのバスを待っている間、彼らは私の〝品定め〟を始めた。力比べである。

まずは腕相撲。三人ともほっそりした体つきなのに、恐ろしいほど強かった。まるで歯が立たない。子どもの腕をひねるように簡単に勝負がついてしまう。次いで四つ相撲だ。彼ら、腕っぷしの強さだけで相手を倒そうとするので、ちょいと足をかけると、おもしろいように転がった。私の評価は大いに高まった。

だが、その先はとてもついて行けなかった。大げさに言えばサド、マゾ・ショーである。審判役がマッチに火をつける。向かいあった二人が、炎の上に人差し指を突き出す。指を先に引っ込めた方が負けだ。だが、彼らの間では勝負は全くつかない。マッチの火が消えるまで二人とも平然としている。かと思うと、手の甲や足の裏にたばこの火を押しつける。一人は、ほっぺたから口の中へ針金を突き通す芸当さえ見せた。

それにしても、肉体的苦痛や恐怖に対する感覚は、明らかに私のそれとはかけ離れている。

死も恐れぬ信仰心

ヘラートへ向かう途中、私たちのバスは政府軍とゲリラの戦闘に巻き込まれた。その時見せた三人の若者の不思議な落ち着きに、私は目を見張った。彼らは、故郷のヘラートでは村ぐるみムジャヒディン（ゲリラ兵士）だと言っていたが、遭遇した戦闘にも、妙に場慣れしていたのである。小銃を突きつけるゲリラの指示に従わず、勝手に道路ぎわの排水溝に潜ってしまった。

空からはソ連のミグ機が攻撃してきた。戦闘が終わったあと、若者たちはミグが落とした直径三センチ、長さ二〇センチはある掃射用銃弾の薬きょうを拾ってきて、道路にカラコロ転がして遊んでいた。そういえば、戦闘が続き空からミグの掃射が続いていている間、ゲリラたちも物か

バラの花の香りをかぐ――マイマナで
（撮影：鈴木雅明）

げでお祈りをした。戦闘など、まるでないかのように。私は、若者に共通するものを、そこに感じた。苦痛や恐怖の感覚が、やはり違う。強い信仰心とあいまって、死をも恐れないムジャヒディンの勇猛さの秘密を見る思いがした。この国へ侵攻したソ連も、ごつい敵を相手に戦っているものだ。

あばら骨折られた

力比べも、腕相撲、四つ相撲程度ならまだよい。私は旅行中に、ついにあばら骨一本へし折られる羽目になる。

相手はハシシの密造、販売、税関をくぐり抜けるための特製カバンを一手に扱っている男だった。学生時代、レスリング選手だったという。男は足にタックルしてきた。私はその上にのしかかった。彼は頭で、私のあばら骨をぐりぐり押し上げようとした。それを、あくまで上から押さえつけた。結局、勝負はつかなかったが、終わってみたら右胸の下に激痛が走った。

二週間、起きあがるとき、深呼吸するとき苦痛だった。あとで医者に診せたら「骨折」と診断された。このハシシ密売人はソ連兵を絞め殺して奪ったピストルを持っていると自慢していた。「大変なヤツを相手にしたものだ」とゲリラ事務所の連中に笑われた。が、勝負はすがすがしかった。

変なもので、こんな男たちに限って、おかしなくらい優しい。アフガニスタンでは、バラの花が真っ盛りだった。花を一輪摘んで立ちどまり、あるいはしゃがみ込んで、じっと香りを楽しんでいる男たち――。こんな光景を、あちこちで見かけた。

飼い主に抱かれたペルシャ猫のように目を細め、荒れくれ男どもが、すっかりおとなしくなっているのである。

きらわれるソ連人

買い物は団体で

ソ連軍とイスラム・ゲリラの戦闘が激化するにつれ、カブールに住むソ連人は、日常的に生命の危機を感じ始めているようだ。ソ連人が愛用する市内のスピンザル・ホテル玄関先で、奇異な光景に出くわした。

ホテルから十数人の白人グループが出てきた。仲間の女性を「ナターシャ」と呼ぶ声で、ソ連人とわかった。彼らは、目の前に駐車していた装甲車によじ登りだした。何事かと見ているうち

女子学生の抗議デモ——カブールで　（撮影：鈴木雅明）

に、全員が装甲車の中へ消えそのまま出発した。装甲車は、バス代わりに使われていたのである。

バザールで久しぶりに銃声が聞かれた日だった。

ふだんの買い物にも、ソ連人はアフガン政府軍の軍用バスを使用している。団体で乗りつけ、またそろって帰っていく。家庭の奥さんたちなのだろう。買い物カゴを提げて、機関銃に守られたバスを乗り降りする姿は、いかにも似つかわしくない。戦争には直接関係のない、気のいいおばさんたちに見えた。

だが、町に出歩く回数が多いだけに、反ソ・デモに遭遇することも多い。「出て行け、ロシア人」とののしられるのは、いつも彼女たちである。

売れ残るカン詰め

とにかく、アフガン人のソ連ぎらいは徹底している。ソ連軍の侵攻、共産主義とイスラム教の宗教的肌合いの違いばかりではないだろう。国境を接した隣同士の〝近親憎悪〟もあるのかもしれない。

ごみごみした町の食堂で、毎日のようにぱくつくヒツジの焼き肉にあき、カブールでは「高級」とされるスピンザル・ホテルのレストランに出かけた時のことだ。ソ連の団体旅行客が二〇人ほど、夕食の真っ最中だった。二、三メートル離れて、一人ポツンと席をとった。

地元のワインを一本注文して周囲を見回すと、もう一人離れてアフガン人の男がいた。退屈だったらしく、私のテーブルにやってきて、開口一番しゃべりだした。

「連中、酒を飲み出すと、いつ終わるかわからない。食事が終わってホテルの部屋に戻るまで、連中につき合ってやらなければならないんだ」

国営旅行アフガン・ツアーの社員である。すぐ隣で、とっくにワインが回り、上機嫌のソ連人旅行客の案内役を務めているのだという。それにしても、何という大胆さ。むろん、声をひそめてではあったが、ソ連人の悪口をまくしたてた。

「連中、労働者の国から来たのなら、少しはこっちの身にもなってもらいたい。うちには女房と子どもが待っているんだ」

町の食料品で――カン詰めの陳列棚をながめていると、主人が「安いのなら、こっちにたくさんある」と山積みのイワシのカン詰めを指さした。ソ連軍からの横流しだという。カン詰めは、ほこりをかぶり、主人は汚い物を見るように顔をゆがめてみせた。

規律にも乱れ

戦争はドロ沼化している。そして、アフガン人の憎しみの中で、われわれ外国人旅行者の目にもわかるほど、ソ連兵の規律に乱れが出ている。たまたま知り合った日本人学生は、町の中でソ連兵に理由もなくカメラのフィルムを取り上げられ「二〇〇〇アフガニ（約一万円）よこせば返す」と脅された。

ハシシの密売人も、最近はめっきり減ったヒッピー旅行者より、若いソ連兵を相手にしているのだ。前線で見かけたソ連兵の中には、いじらしいほどの童顔がいた。恐らく十代の若者だろう。突然、地からわいてくるように現れるムジャヒディン相手のゲリラ戦――かつてベトナム戦争で、アメリカ兵が〝見えない敵〟におびえ、また、殺りくのむなしさをまぎらすために麻薬にのめり込んでいったように、ソ連兵も、いまハシシに手を出しているのだろうか。

ソ連のアフガン侵攻直後、東南アジアに常駐するソ連・タス通信記者に侵攻の意図を尋ねたことがある。「きっと深い理由があるんだ」。苦しそうな答えだった。

今、アフガニスタンで、人々の憎しみの目を意識しながら生活しているソ連人が、「深い理由」を納得しているかどうか、わからなかった。

ある知識人

やっと読書の自由

「いま私は幸せだ」という人物に出会った。約一か月のアフガニスタン取材で「幸せ」という言葉を口にしたのは、この人物が初めてであった。

西部の古都ヘラートに住む若い哲学教師である。カブール大学で博士号をとり、短期大学で教えている。マルクス主義について講義しているが、彼自身はマルクス主義者ではない。

「アミン前政権時代には、ツデー党(イランの共産主義政党)の出版物を公然とは読めなかった。カルマル現政権になって、これが認められた」。

彼が「幸せ」だと感じる理由である。かといって、この若い哲学教師、カルマル政権を支持しているわけでもない。「自分自身の手で、現政権の功罪を分析するまでは評価できない」と答える。ソ連軍のアフガン侵攻、イラン革命――何をたずねても同じ答えだ。私が会った他の人々は、学生にしてもゲリラにしても、感情的と言ってもいいほどホットな反応を見せたものだ。

家族が経営する木賃宿の一室に彼は住んでいた。部屋の中にはペルシャ語訳のヘーゲル、マルクス、エンゲルスの文献、中東、インド亜大陸に関する歴史書が雑然と積まれていた。

シルクロード時代、文字通り、東西の十字路だったヘラートは、ソ連侵攻後の四、五月、ゲリラとの間に市街戦が最も激しく繰り広げられた町の一つだ。ここでは革命二周年を記念するカルマル演説も、バザールをうろつく野良犬の首にくくりつけた小型テープレコーダーで流され、すっかり茶化された。バザールの連中がいたずらしたらしい。ヘラートからイラン国境まで一二〇キロ余り。イスラム色が非常に強いところでもある。

「授業満足」と学生

こんな雰囲気のなかで若い哲学教師は学問に対する誠実さを貫こうとしていた。彼が教える学生は全員イスラム教徒だ。そこでマルクス主義を講義するのは勇気がいるに違いない。「共産主義をきらいだという前に、まず共産主義とは何かを知るべきだ。批判はその後でやれ」と学生に教えているとも言った。

ほとんどの学生は、ついてきているという。それでも、学生たちがどんな気持ちで授業を受けているのか気になり、学生に手紙で意見を書いてくれと頼んだ。彼は百数十通の手紙の束を見せてくれた。「全部、授業に満足しているという手紙だ」。こう言って顔をほころばせる。

彼のやり方はきっと正しいのだと思う。だが、内戦の渦中を激しく生きる男たちと接したあとで哲学教師の話を聞いていると、どうしてもインテリのひ弱さを感じてしまう。冷静で学者然としたハナをあかしてやりたくなり「ぐずぐずしていると時代が変わってしまうよ」とひっかけたら「現実への対応は政治家の仕事」とかわされた。

そんな彼にも感情が走ることがあった。「あなたはどこの民族に属しているのか」と質問して、逆ににらみつけられた。

「私は民族的にはタジクだが、その質問は良くない。パシュトゥンもハザラもウズベク族もみんなアフガニスタン国民だ。だから私の答えはアフガニスタン人だ」。

台頭する国家主義

同じ言葉を、私はほかでも何度か聞いた。みやげ物屋の店員、政府軍兵士、ゲリラも「アフガニスタン人」を強調した。専門家は多民族国家における国民の団結力の弱さを指摘する。アフガニスタンでも反政府勢力の弱さをここに見ようとする者は多い。

だが、戦火が全土に拡大するなかで、「アフガン・ナショナリズム」が呼吸しはじめているのを確かに感じた。「学問のためには、イスラムでも共産主義でもない民主主義国家の方が望ましいと思う。しかし、これもよく研究しなければ、はっきりとは言えない」とまどろっこしい言い方をする若い哲学教師も「アフガニスタン人の国家意識をいかに高揚させるか。これは重大なテーマだ」と認めるのである。

しかめっつらをした学者の硬い表情の裏側で、アフガニスタンが置かれた現在の厳しい現実を見つめはじめていたのかもしれない。

外人旅行者

空港チェック強化

カブール空港から出国するとき、私はインド人女性がカーテンのかげで裸にされているのを目撃した。持っていた封書の束をニュース・レポートと思われたらしい。いったん疑われたら「万事休す」である。

アフガニスタンの戦況が激化するにつれ、空港での外国人チェックは一段とすさまじくなった。そんな状態にもかかわらず、私の同業者たち――命知らずのジャーナリストはがんばっている。パキスタンからゲリラと共に潜入し、戦闘に巻き込まれ大腿（たい）部を撃ち抜かれたカナダ人記者。イタリア人記者は、よせばいいのにムービー・カメラを回し、見つかってソ連兵士に足もとを機関銃で掃射された。

あるフランス人カメラマンは、二〇〇〇枚ものフィルムを国外に持ち出し評判になった。どんな手口を使ったのか、いまもってわからない。

命知らずはジャーナリストだけではない。パキスタンのクェッタからカンダハール、ヘラートを通ってイランへ抜けたオーストラリア人の話を聞いた。私が帰途立ち寄ったネパールでは、これから一人でアフガニスタンへ入るという日本の美人にもめぐりあった。

アフガン・ハシシは品質の良さで、ヒッピーの間に知れ渡っている。だが、動乱でヒッピーはこの国からほとんど姿を消した。いまカブールあたりで見かける外国の若者は〝失われた冒険〟を求めて飛び込んだロマンチストばかりである。方向も定めず危険のど真ん中にまぎれ込み、右往左往している。みんな気はいいが、その行動にははらはらさせられる。いずれにせよ、ジャーナリストを含め、われわれはこの国の人々にとってやじ馬には違いない。

死の恐怖の魔力？

ところが、やじ馬でない怪しげな人間も徘徊する。じゅうたんを買いあさりに来た商人たちである。うさん臭げでひとくせも、ふたくせもある面構え。ときにはジャーナリストではないかと感じさせる人間もいた。ただ、あぶなくて何も話せない。欧州人が多いが、アメリカ人もいる。彼らの中にスパイが多くまぎれ込んでいる、といううわさが真実味を帯びて語られていたからだ。

戦場と化した土地は、いつの時代でもこんなものだったのだろうか。死の恐怖に、その怪しい魔力に吸い寄せられるように、アフガニスタンには様々な人間が群がっている。

カブールの外国人旅行者の間で「クレージー・ガイ」（頭がいかれた男）と呼ばれるアメリカ人がいた。自称共産主義者だった。われわれ外国人がかたまっているところへ入り込んできては、カルマル政権、ブレジネフ礼讃の演説をする。薄気味悪がられた。米中央情報局（ＣＩＡ）員の容疑で、二〇日間拘留されたこともある。本人はパスポートを没収され、出国できないと話していた。だが、彼はなぜか米大使館には近づかない。

本物のスパイのようでもあり、本当に気が狂っているようにも見えた。ときどき目の焦点が定まらず、ぼうっとしているのだ。周囲は結局、彼を無視したが、近くをうろつかれるとどうにも落ち着かなかった。

四六時中、疑心暗鬼

外国人の行動には、いつも当局の目が光ったと言っても過言ではないだろう。そこから来る緊張感が重苦しく常に私につきまとった。

この国で人に会うとき、「こいつは一体何者だ」という疑心暗鬼が多かれ少なかれいつも心のすみから消えないのである。私自身、ごく少数の相手を除いては、「美術学生」で通してしまった。相手が信じてくれたかは別として――。

だから、アフガニスタン取材で一か月にわたり見たこと、聞いたことさえすべて実像だったかどうか私にはわからない。疑い出すとすべてが虚像だったような気にもなる。巻き上がる砂漠の土けむりで、見渡す限り茶褐色にかすんでしまうあのアフガニスタンの大地のように、なにもかもが茫漠（ぼうばく）としてくるのである。

V章　タリバンとはなんであったか

写真提供：共同通信社

ジハード

ソ連軍侵攻に対する激しい抵抗の中心になったのは、イスラム主義思想に基づいて、共産主義の無神論者に対するジハード（聖戦）を宣言した勢力である。また保守的な部族社会も伝統社会を守るための蜂起に立ち上がった。アフガニスタン抵抗運動がここに至るまでの系譜を辿ってみよう。

アフガニスタンで、イスラムに基づく現代的な政治運動が始まったのは、一九五〇年代である。他のイスラム諸国と同様、西欧的価値に基準を置いた国家主導の近代化推進に対する反感がきっかけとなった。五〇年代には高等教育が拡大し、伝統社会を保つ地方から出てきた大学生が、政治的イスラムを形成する核となった。

その指導的立場に立ったのは、グラム・モハマド・ニアジだった。ニアジは五七年に、イスラム教の最高権威であるカイロのアルアズハル大学の修士課程を終了して帰国し、カブール近郊で教師たちを集めて運動を開始した。ニアジに影響を与えたのは、エジプトで生まれたイスラム政治運動組織「ムスリム同胞団」であり、その指導者サイエド・クトゥブの思想だった。その思想は、唯一神アラーを崇拝しない邪悪な社会に、真のイスラム社会を確立すべきだというもので、その後の各国のイスラム原理主義運動に多大な影響を与えた。

ニアジは、カブール大学神学部学部長に就任し、学生たちの尊敬を集めた。ニアジの回りに集まった学生たちの中から、対ソ連抵抗運動の指導者たちが生まれた。その一人は、ニアジの教え子、タジク人のブルハヌディン・ラバニである。ラバニもアルアズハル大学に留学し、ムスリム同胞団、クトゥブの影響を受け、クトゥブのいくつかの著作を翻訳した。カブール大学では、ニアジの影響でアフガニスタン版のムスリム同胞団と言える「イスラム運動」が密かに結成されていた。一九七三年、カブール大学助教授になっていたラバニは、その最高指導者に選ばれた。

ラバニは七四年、イスラム勢力に対する政府の弾圧が強まったため、パキスタンへ渡り、同じタジク人の元カブール大学学生アハマド・シャー・マスードに会う。二人は、七八年の共産クーデター発生後帰国しゲリラ闘争を開始した。そのころまでに「イスラム運動」はタジク人主体となり、名称を「イスラム協会」に改称していた。

イスラム協会は、ムジャヒディン勢力の主要組織となり、マスードは、カブール北方のパンジシール渓谷を本拠に軍事的天才を発揮して、「パンジシールの獅子」として勇名を馳せた。ラバニは九三年に発足したムジャヒディン政権の大統領に就任し、その後タリバン政権と対立する「アフガニスタン救国のためのイスラム統一戦線」（海外メディアの通称「北部同盟」）の最高指導者になった。

六〇年代後半のカブール大学では、やはりニアジの影響を受けたパシュトゥン人の工学部学生グルブディン・ヘクマティヤルも活動を開始していた。ヘクマティヤルは七〇年に一二人の学生で「ムスリム青年」を結成した。その後、敵対する毛沢東主義者を殺害した容疑で逮捕され、七三年に釈放されたあと、パキスタンへ逃亡し、ペシャワルのアフガン人イスラム組織に参加した。だが、七五年に、モハマド・ユヌス・ハリスとともに、独自に「イスラム党」を結成した。そのその後まもなく両者はジハードのあり方で対立した。ヘクマティヤルは国家権力の奪取を目的とする一方、ハリスはアフガニスタン解放に重きを置いた。イスラム党は二つに分裂した。

ヘクマティヤルのイスラム党は、パキスタンの政府、イスラム団体の支援を受け、多数民族パシュトゥン人で構成する最大のムジャヒディン組織となった。ソ連軍侵攻時にパキスタンが主として軍事援助を与えたのは、ヘクマティヤルのイスラム党である。

伝統社会の蜂起

ラバニ、マスード、ヘクマティヤルらの運動は、イスラムのインテリが中心になって始められた。だが、アフガニスタン人の八〇％以上が暮らす農村からも、教育を受けたこともない多くの無学の人々が、ジハードを叫んで蜂起に立ち上がった。

一九七七年の世界銀行調査によると、アフガニスタンには約二万の村があった。ひとつの村には平均すると、イスラム教徒の礼拝所であるモスクが二つあり、それぞれに指導者であるイマムあるいはムラーが一人、その弟子である学生が二人いた。この学生をタリブと言い、その複数形がタリバンである。一九九六年に政治的、軍事的組織になったタリバン勢力がアフガニスタンの実権を握ったが、タリバンという存在は、アフガニスタンに昔からあった。七七年当時、タリバンの総数は全国で一二万人と推計される。

彼らはイマムとともに、村の子どもたちに読み書きを教える、いわば寺子屋の先生であり、生まれた子どもの名付け親にもなった。村人からは尊敬され、伝統的社会に欠くことのできない存在だった。タリバンになることは、イマムになるための第一歩である。近代の歴史では、タリバンは、アフガニスタン独立前の対英戦争でジハードを宣言し、戦闘の最前線で中心的役割を演じた。

タリバンは人民民主党の共産主義政権、ソ連にもジハードを宣言した。だが彼らには政治的意図はなく、アラーのために闘うという宗教的信念だけで動いた。ラバニやヘクマティヤルのことも知らず、インテリたちが信奉するムスリム同胞団やクトゥブに関する知識もなかった。アフガニスタンの反政府勢力にテコ入れしていたパキスタンは、ペシャワルにいたモハマド・ナビ・モハマディをアフガン人タリバン組織の指導者に仕立て上げ、「イスラム革命運動」と名付けたが、タリバンたちは「革命」なるものをまったく理解できなかった。彼らは八九年にソ連軍が撤退し、九二年に共産主義政権が倒れると、その行動を終えていった。

伝統的な村の男たちは、こうしたタリバンたちを押し立てて、強力なソ連軍に向かって立ち上がったのだろう。だが、その後登場するタリバンは、名前は同じタリバンでも別物である。

ヘリコプターとスティンガー

ソ連軍にとって、戦車を有効に利用できないアフガニスタンで、神出鬼没のムジャヒディンに機敏に対応できる最良の手段はヘリコプターだった。このためソ連軍はＭＩ24攻撃ヘリを多用し始めた。ソ連軍の新戦術で日中の活動を制限されたゲリラたちは、まもなく、ヘリコプターが動きにくい夜間に行動するようになった。さらに、対ソ連戦略でムジャヒディンを援助していた米国が八六年からは、パキスタンを通じて、スティンガーを支給した。

スティンガーは肩に担いで発射できる携帯型ミサイルで、長さ一・五メートル、直径七センチ、重さ一六キロほどで、容易に運ぶことができる。このミサイルは航空機撃墜を目的とし、航空機エンジンが発する熱を感知して追尾する。垂直発射で高度三〇〇〇メートルまで達し、目標から八キロ以内なら標的の捕捉が可能だ。米国はこの年、三〇〇基を支給し、ソ連軍撤退までに総数一〇〇〇基を与えた。

その威力は絶大だった。ソ連軍ヘリは行動の自由を奪われ、戦争は膠着状態となった。ソ連軍は撤退までに、ジェット機一一八機、ヘリ三三三機を失った。スティンガーがソ連撤退のひとつの要因を作ったとまで言われる。

アフガン人はこの戦争を最後まで闘い抜いた。だが、その代価は大きかった。一三〇万人が死

ソ連軍に対するジハード　(提供：日本・アフガニスタン協会)

亡し、戦争前の人口の三分の一に当たる数の国民がイランやパキスタンへ難民として脱出した。家を失ったり、生活手段を奪われ故郷を離れた国内難民も二〇〇万人に達した。

アフガニスタン侵攻を決めたブレジネフは八二年に死亡し、その後、ソ連の最高指導者はアンドロポフ、チェルネンコと変わり、八五年三月にはゴルバチョフが登場した。そのころ、ソ連経済はすでに行き詰まり、米国との軍備競争のための膨大な軍事支出が経済回復の足枷になっていた。ゴルバチョフは思い切った改革に乗り出し、国内の政治、経済に自由を導入した。その一方、就任一か月後には、欧州への中距離核ミサイル配備を一時凍結すると一方的に発表し、米国との軍備拡張競争の方向転換に着手した。

アフガニスタンでの苦戦に関しては、国内では報道が制限されていたが、次第に国民に知られるようになり、厭戦気分が広がっていた。年間八二億ドルとされる莫大な戦費もソ連経済には重荷になっていた。有名な反体制物理学者サハロフは、「ソ連はアフガニスタンで、残酷で悲惨な戦争に従事している」と批判した。

こうした状況を背景に、ゴルバチョフはアフガニスタンからのソ連軍撤退を決心した。国連は八二年から、アフガニスタン問題政治解決のための交渉をアフガニスタンとパキスタンの間に立って続けていたが、進展はなかった。だが、ソ連の政策転換で八八年四月一四日、ジュネーブでの和平合意文書調印にこぎ着けた。これを確実にするために、米国とソ連が国際保証宣言に調印した。この合意に基づき、ソ連軍は五月一五日から撤退を開始し、翌八九年二月一五日に駐留兵力一〇万人の撤退が完了した。

内戦の継続

ソ連軍撤退に先立つ一九八六年五月、侵攻のときにソ連が連れてきてアフガニスタンの最高指導者に据えたカルマルが人民民主党書記長を辞任し、秘密警察KHAD長官ナジブラが後継者となった。一一月、カルマルは国家の最高意思決定機関である革命評議会議長のポストからも更迭された。八七年九月には、ナジブラがそのポストに就き、一一月には大統領になって権力を掌握した。

ナジブラは、かつてカルマルの子飼いという政治立場にあったため、カルマルが七八年の党内の抗争で破れ国外に去ったとき、同様にイラン駐在大使に飛ばされた。アフガニスタンにはカルマルとともにソ連から帰国した。秘密警察長官としては徹底した弾圧を加え、数万人を逮捕し、拷問で殺したとされ、アフガン人の憎悪を一身に集めていた。

このカルマルからナジブラへの指導者交代は、ソ連軍の撤退と深く関わっている。ソ連が、撤退後も親ソ連政権を維持するために選んだ人物がナジブラだった。ゴルバチョフは八五年にはすでに撤退の意思を表明し、八六年には、その証しとして、一部の部隊を撤退させた。

西側諸国では米国も含め、ソ連軍が完全撤退すればアフガニスタンの共産主義政権が倒れるのは時間の問題と信じられていたが、ソ連がナジブラ政権を維持しようとする意思は明確だった。ソ連は、撤退後もナジブラ政権への軍事、経済援助を断つことはなかった。

そして、ナジブラ政権は西側の予想以上に持ちこたえた。ムジャヒディン勢力はソ連軍に対して果敢な抵抗をしぶとく続けたが、各勢力の間の対立が激しく、統一戦線を形成できないという弱点があった。ソ連軍撤退で、唯一の共通目標であった敵がいなくなり、対立だけが残された。撤退後、ムジャヒディン勢力はカブール政権打倒の攻勢を試みたが、成果は上がらなかった。

ナジブラは統治に自信をつけ始めたが、九〇年三月に事態の変化に気付いた。

パキスタンは常に、自国への脅威にならない「弱いアフガニスタン」を求めていた。ソ連とその傀儡政権に対して戦うムジャヒディン勢力を支援したのも、同じ国家戦略からだった。パキスタンがアフガニスタンのイスラム組織と関係を作り始めたのは七〇年代に入ったころからで、政治的圧迫から逃れてきたアフガン人を保護し、反政府活動を支援した。対アフガニスタン工作の中心になったのは、パキスタン軍統合情報部（ＩＳＩ）だった。ＩＳＩは多くのアフガン反政府組織を支援していたが、最も緊密な関係を持ったのは、グルブディン・ヘクマティヤルのイスラム党であった。

パキスタンにとって、ソ連軍撤退はアフガニスタンをさらに弱体化する絶好の機会となった。混乱の中から、カブールに親パキスタン政権が誕生すれば、最良の結果である。ＩＳＩは、ナジブラ政権の国防大臣シャー・ナワズ・タナイと関係を作ることに成功し、九〇年三月、ヘクマティヤルと組んだ政権奪取を仕組んだ。この試みは失敗したものの、ナジブラが政権内部の弱体ぶりを十分に思い知らされたのは、このときである。

このころのアフガニスタンは、どこに向かうのか誰も予測できない不確かさから来る澱んだ雰囲気に覆われていた。ナジブラ政権は存在している、ムジャヒディン勢力は決定的な攻勢をかけられない。だが、この状況が永遠に続くとは誰も考えていない。共産主義政権はイスラム教徒への融和策で酒類を禁止していたが、ハシシやマリファナは政府の統制力が弱まって、ほとんど公然と路上で堂々と吸う姿が見られた。政権の統治能力は明らかに落ちていた。

九〇年七月には、イラクがクウェートを侵略して湾岸危機が発生し、九一年二月には、イラク軍をクウェートから追放するための戦争が始まった。世界の目はイラクに集中し、アフガニスタンは国際政治の関心から遠のいた時期である。だが、ナジブラ政権は、その間も確実に崩壊へ向かっていた。

九一年八月、ソ連支配体制の終わりを告げるクーデターが発生し、ゴルバチョフ政権が大きく揺らぎ、その混乱とともに、ソ連のアフガニスタン援助は停止した。そして一二月、ソ連は消滅した。ナジブラ政権は内部が空洞化し、外からの支えも失った。アフガニスタンの共産主義政権の終焉は、今度こそ時間の問題となった。九二年一月一日には、ロシアと米国両国によるアフガニスタンへの武器供給停止が正式に発効した。パキスタンもこれに同調し、国連がこの機にアフガニスタン和平に動き出した。

ナジブラは生き残りのために、国連が進める内戦停止のための和平プロセスに頼らざるをえなくなった。国連の仲介案は、ナジブラ政権解体後に、各勢力の合意による暫定政府を樹立しようとするものだが、ナジブラが政治的に生き残れる見込みはほとんどなかった。だが、生命の安全を求めてナジブラは九二年四月には、大統領辞任の意向を表明した。このころには、政府軍兵士が反政府側に次々と寝返り、ムジャヒディン部隊がカブールに迫る勢いになっていた。政府軍から寝返った大物は、ウズベク人の将軍アブドゥル・ラシド・ドスタムだった。北部では、非パシュトゥン人組織であるタジク人のイスラム協会、シーア派ハザラ人のイスラム統一党（指導者アリ・マザリ）、それにウズベク人のドスタム一派による北部連合が形成された。

ムジャヒディン、政権を取る

事態は急激に動き始めた。四月一一日、タジク人主体のイスラム協会の司令官マスードに率いられた勢力がカブール北方から大攻勢を開始した。一四日には、政府側の重要な防衛拠点バグラム空軍基地を制圧した。ウズベク人で構成するドスタム派も一五日には、カブール国際空港を押さえた。一方、パシュトゥン人の勢力は、南からイスラム党ヘクマティヤル派が進軍しカンダハールを取り、東ではイスラム党ハリス派がジャララバードを制圧した。ナジブラはこの直後、国外脱出を試みたが失敗し、カブール市内の国連建物の中に保護された。

政府はこれで支配力を喪失し、一八日、マスードと停戦合意した。この結果、首都カブールは、タジク人とドスタム派のウズベク人によって制圧された。これに先立ち、ヘクマティヤルのイスラム党とシーア派各勢力を除くムジャヒディン一〇組織で発足させていた暫定評議会が一九九二年四月二五日、正式に政権を掌握した。穏健な小組織「アフガニスタン民族解放戦線」の指導者シブガトラ・モジャディディが議長に就任した。徹底抗戦を主張したヘクマティヤルがカブールに入ったのは、このあとだった。カブール入りの先陣争いでパシュトゥン人が遅れをとったことは、その後もずっと尾を引き、新たなムジャヒディン勢力同士の内戦へと、もつれ込んでいく。

新たな内戦

ムジャヒディン各勢力は当初の取り決めで、モジャディディが暫定評議会議長を二か月間務めたあと、イスラム協会指導者のブルハルディン・ラバニが引き継ぎ、四か月間務めることになっていた。ヘクマティヤルは首相に予定された。

暫定評議会が発足し五月六日には暫定政府ができあがったが、ヘクマティヤルは国防大臣マスードをはじめ、イスラム協会のメンバーを拒否し、カブール制圧に大きな役割を果たしたドスタム派の首都からの撤退を要求した。ラバニらがこれを拒否したため、ヘクマティヤル派はカブールへの無差別砲撃を開始した。戦勝気分はたちまち吹き飛び、カブールは騒乱の舞台となった。新たな内戦の開始である。国連報告によると、八月までの最初の三か月間だけで、カブールのロケット砲撃で一八〇〇人の市民が死亡し、五〇万人が首都から避難した。

ムジャヒディン各勢力は、複雑な離合集散、対立を開始した。ドスタムは暫定政府から離れ、結局、九四年一月にはヘクマティヤルと同盟関係に入った。イスラム党と近い関係にある「イスラム統一体」(指導者アブドゥル・ラブ・ラスル・サヤフ)は、サウジアラビアの支援を受けた過激な原理主義集団である。カブールでは、この組織とシーア派の統一党が死闘を演じ、数百人が死亡した。

ヘクマティヤル派が砲撃を続行する中で、六月にはラバニが予定通り、次ぎの評議会議長に就任した。ラバニは、次の四か月任期が終わった一二月には、イスラム党など他派の反対を押し切って再び議長の座を確保し、翌九三年一月には大統領に就任した。それまでも戦闘は断続的に続いていたが、ラバニの大統領就任は、イスラム党をはじめとする反対派をさらに刺激し、イスラム党はカブール郊外から市内へ向け、再びロケット砲撃を開始した。ラバニ派は国防大臣のマスード指揮のもと、反撃を加えた。九四年一月には、北部マザリシャリフ一帯を支配していたドスタムがヘクマティヤルに付き、戦闘は各地に広がった。九四年だけで、カブールの死者は二万五〇〇〇人に達し、市街の三分の一は廃虚と化した。

アフガニスタンは、各勢力による支配地域に分断され、無法状態になった。強盗、強姦、誘拐といった犯罪行為が堂々とまかり通るようにまでなった。異なる民族間ばかりでなく、同じ民族同士でも衝突するようになった。広い地域を移動する遊牧民も、他民族支配地へは入れなくなった。ラバニ政権は非パシュトゥン人、とくにタジク人に占められた。タジク人の政権は、一九二九年、あのバッチャ・イ・サカオ（水運びの息子）の反乱以来である。タジク人たちは、再び少数民族の地位に戻りたくはなかった。その一方、パシュトゥン人は次第に隅に追いやられていた。パシュトゥン人の伝統的根拠地カンダハールは、ヘクマティヤル派が支配していたが、司令官は軍閥と化して分裂し、もっぱら密輸と麻薬取引で忙しく、利権抗争に明け暮れていた。

一般国民は、ソ連軍を打破したムジャヒディン各組織とその指導者たちの輝かしい業績のことなど忘れ、国民生活を顧みずに血塗られた抗争を果てしなく続ける彼らを嫌悪するようになっていた。

タリバン運動が活動を開始した。

タリバンの誕生

タリバンは九二年にグループを形成し始め、九四年一〇月に最初の大規模な軍事行動を起こした。次々と既存のムジャヒディン組織の支配地域を攻略していき、九六年九月に首都カブールを取り、アフガニスタンを実質的に支配するに至った。最初の軍事行動から、わずか二年で、これを成し遂げた。長い混乱と無秩序に倦んでいたカブール市民は、タリバンに秩序の回復を期待して、歓喜の声でタリバンの首都入城を迎えた。

だが、市民はすぐに、イスラムの規律を過度なほどの厳格さで押し付けるタリバンの異常さに気が付いた。現代の基準では人権侵害といえる施策を世界も認めず、この政権を承認した国は、パキスタン、サウジアラビア、アラブ首長国連邦の三か国にすぎなかった。しかも、ラバニ大統領らの勢力は首都を放棄したものの、タリバンとの戦闘は続き、内戦が完全に終わったわけではなかった。それまでとは異なる不確実さがアフガニスタンを覆った。

国際社会からみると、「タリバン」は忽然と生まれた不可思議な集団だったが、聖職者になるために学ぶ学生たちは、アフガニスタンでは昔からタリバンと呼ばれ、古い伝統を持っている。ラバニやヘクマティヤルのようなイスラムのインテリとは異なり、ムスリム同胞団やクトゥブに代表される近代的イスラム思想に関しては無知だったが、彼らも、伝統の宗教的信念から、侵略ソ連軍にジハードを宣言し戦った。だが、ソ連軍が撤退し、ナジブラ政権が倒れた後は、権力奪取には関心を持たず、本来の学生に戻っていた。

一九九二年四月に、共産主義政権を打倒したムジャヒディン勢力による政権が成立したが、たちまち、各勢力の対立でアフガン人同士が殺し合う内戦が始まった。状況は深刻さを増していった。このころ、カンダハール近郊の村シンゲサルでは、政治抗争には関わらず、地元の人々との暮らしに帰っていた学生や聖職者たちが、新たな事態を憂い、村で尊敬されていたムラーのモハマド・オマルのもとに集まり始めた。

オマルは一九五九年、カンダハール近郊のノデ村で、貧しいパシュトゥン人農民の子として生まれた。八〇年代に、シンゲサルでムラーになり、村に小さなイスラム学校（マドラサ）を作った。オマルは八九年から九二年まで、イスラム党ハリス派に加わり、ナジブラ政権との戦闘を経験した。ハリスは、ヘクマティヤルとともに、七〇年代に、パキスタンのペシャワルで、アフガン人組織に参加していた。この組織は、モハマド・ナビ・モハマディを代表とする当時のタリバンの集まりだった。ハリスとヘクマティヤルは七五年、ここから離れイスラム党を結成し、さらに両者は分裂していく。だが、ソ連軍侵攻後は、モハマディとハリスの組織に多くのタリバンが参加した。この両組織とも、伝統の部族社会の色彩を強く持っていたが、それはタリバンとの関係が深かったからだろう。モハマディもハリスもムジャヒディン勢力の主流にはなりえなかったが、オマルがハリス派に加わったのも、このような当時の状況を反映している（なお、オマルはモハマディの組織に参加したとも言われる）。オマルは戦場での約三年間で、四回負傷し、右目が見えなくなった。

九二年当時、オマルの回りには、ヘクマティヤル派などパシュトゥン人勢力から離脱した軍事司令官や、ソ連軍侵攻後に粛正された人民民主党ハルク派の軍人も集まり、タリバンの中核を形成した。タリバンが最初に行動を起こしたのは一九九四年初めとされる。強姦、殺人、略奪を続けていた地元の軍閥司令官の本部を襲った。以来、近隣地域で犯罪行為を犯す軍閥への攻撃を繰り返し、そのたびに武器を獲得し、戦闘能力を身につけ、混乱に倦んでいた住民の支持を集めていった。

九四年一〇月、今では、タリバンによる初めての大規模な軍事作戦として伝説になっている襲撃事件が起きた。

一〇月一二日、タリバン部隊がパキスタン国境近くの町スピンボルダクを支配していたヘクマティヤル派軍閥の兵舎を襲って敗走させ、町外れにあるパシャ武器貯蔵庫を奪った。この襲撃でタリバンは、ロケット砲、弾薬、小火器など大量の武器を獲得した。タリバンがその後急速に支配を拡大していくきっかけである。

この作戦には、パキスタンのマドラサからも多数のタリバンが加わった。オマルを中心とした地元タリバンとパキスタンのタリバンが、その時点で結びついていたことが明確になった。そして、パキスタンがアフガニスタン介入の手段としていたヘクマティヤル派への支援をタリバンに転換したのも、このころである。

タリバンを勢いづかせたスピンボルダク制圧の真相に関しては、疑問も持たれている。パキスタンのタリバンへの本格的な武器援助開始を隠すための作られた話という可能性も捨てきれない。タリバンのその後の支配拡張があまりに急激だったからだ。

三週間後の一一月三日には、タリバンは、カンダハールの軍閥に捕らえられていたパキスタンのトラック輸送団を救出し、アフガニスタン第二の都市カンダハールの支配を確立した。このときタリバンは、戦車などの重火器から、ミグ戦闘機、ヘリコプターまで手中にした。

パキスタンのタリバン

パキスタンからタリバンに加わったアフガン人（パキスタン人も少なからず参加した）の多くは、パキスタンのイスラム団体「イスラム・ウラマ協会」傘下のマドラサで学んだ学生だった。この協会のマドラサはアフガニスタンとの国境近くに多く、その一帯で影響力が強い。内戦を逃れてパキスタンに脱出してきたアフガン人難民の数は、二〇〇万人に達していた。イスラム・ウラマ協会のマドラサは、パキスタン人ばかりでなく、多くの貧しいアフガン人難民の若者を集めていた。ここでの教えは、イスラム教のデオバンド学派として知られている。この学派はアフガニスタンにも浸透している。タリバン指導部の中核であるムラーたちもデオバンド学派で固められている。

デオバンドとは、インド中部の町の名前で、この学派は一九世紀に、ここで生まれた。彼らはインドを支配するイギリスにジハードを宣言して蜂起したことがある。その教えは、一八世紀インドのイスラム思想家シャー・ワリウッラーの考え方を基本にしている。ワリウッラーは、現在のサウジアラビアの国教であるワハブ派の創始者ムハマド・イブン・アブドゥル・ワハブの影響を受けた。

デオバンドは、古来からあるシャリア（イスラム法）を新たな現実に合わせて解釈し直すことを許さない。近代的イスラム主義者と決定的に異なる点だ。女性の社会的行動は厳格に制限される。

パキスタン政府のアフガニスタン政策は、ロシア帝国、ソ連のやってきたことと同じだった。アフガニスタンに自国への脅威となる強い政府を作らない、可能なら素直に言うことをきく政府を作る、という目的に基づいた様々な形でのアフガニスタンへの介入である。ムジャヒディン勢力を支援したのは、ソ連の脅威を阻止するためであった。ソ連軍撤退後もヘクマティヤル派を支援したのは、ヘクマティヤルが親パキスタン政府を樹立することに期待したからだ。だが、九二年四月にナジブラ政権を倒し、カブール制圧を成し遂げたのは、ヘクマティヤルではなく、ヘクマティヤルとライバル関係にあった北部の非パシュトゥン連合だった。パキスタンの思惑は外れ、ヘクマティヤルはカブール政府と敵対関係に入り、政権を奪取する見込みはなくなっていた。

こうした状況のもとで、パキスタンのイスラム団体「イスラム・ウラマ協会」とも緊密な関係にあるタリバンの登場は、アフガニスタン政策で行き詰まっていたパキスタンの目を引いた。九四年一〇月から一一月にかけて、パキスタン国内のマドラサから多数の学生がタリバン支援に参加し、ヘクマティヤル派の本拠であるカンダハールを制圧した時期は、パキスタンがヘクマティヤルからタリバンへと支援相手を替えた転換点である。

パキスタンのマドラサで学んでいたアフガン人の若者たちは、幼いころ生まれた国を離れ、難民キャンプという特殊な世界で育った。ソ連の侵略と闘った祖国を直接知らない。彼らが教育を受ける機会は、デオバンドのマドラサ以外には、それほどなかった。ほとんど唯一の学習の場で、厳格な保守的イスラム思想を教えられた。イスラム・ウラマ協会の中でも、とくに過激なサミウル・ハクが北西辺境州アホラハタクに開いたマドラサ「ハッカニア」が、タリバンに参加する学生を輩出する中心になった。ハクとオマルは互いに信頼し、のちのタリバン政権では、多くのハッカニア出身者が重要な地位に就いた。

アフガン人は従来、敬虔なイスラム教徒であっても、他人にはあまり干渉しなかった。筆者は、ソ連軍侵攻直後のカブールで、ムジャヒディンたちと同席したときに、ウイスキーを一瓶提供し、一緒に飲もうと誘ったことがある。飲酒は、イスラム教の聖典コーランで禁止されている。このとき聖戦の兵士たちの数人は躊躇せずに飲み始め、数人は「イスラム教徒は酒は飲まない」と言って手を出さなかった。だが、楽しいときを過ごし、互いに、様々に異なる人間の存在を認め合い、嫌悪しあうことはなかった。タリバンには、こうした包容力はない。

タリバンの進軍

九四年一一月のタリバンによるカンダハール制圧の際には、パキスタンのマドラサの学生がバスで国境を越え、続々と終結した。その数が一万二〇〇〇人に達した一二月までに、タリバンは、アフガニスタン全三一州のうち、カンダハールを含む南部四州を制圧し、カブール近郊にまで進んだ。

九五年一月、それまでカブール近郊チャラシアブに位置し首都に砲撃を加えていたヘクマティヤルとその部隊は、攻め上がってきたタリバン軍とラバニ政権のマスードが率いる部隊に挟撃された。ヘクマティヤルの部隊は二月には、大量の武器、弾薬を放棄して逃亡した。

当時のマスードは、九二年にナジブラ政権を倒したときに同盟を結んでいたハザラ人のアブドゥル・アリ・マザリが統率するイスラム統一党とも対立し、戦線を開いていた。このころの各勢力の関係は複雑怪奇な様相にあった。イスラム統一党との戦闘に忙しかったマスードは、ヘクマティヤル部隊のチャラシアブ基地をタリバンに譲り、ここでもタリバンは大量の武器を入手した。イスラム統一党は、このあとマスードの激しい攻撃を受け、マザリはタリバンとの取引に乗り出した。だが、その最中に、イスラム統一党が分裂し、一部がマスード側に寝返った。それを機に、マスードはタリバンに総攻撃を仕掛け、タリバンが手中にしたチャラシアブ基地を奪った。三月にタリバンはマザリを捕らえ殺害した。

タリバンは南部のパシュトゥン人地域では順調に支配地域を広げたが、首都の手前で敗北を喫したほか、九五年夏までは、西部の中心、古都ヘラートに向かう方面でも一進一退を続けていた。だが夏から秋にかけて、タリバンは攻勢に転じ、九月には、ついに、戦略的、政治的に重要な意味を持つヘラート奪取を実現した。この成功には、パキスタンのアフガニスタン工作を担当する軍統合情報部（ＩＳＩ）の軍事顧問の指導、パキスタン、サウジアラビアからの軍事援助が大きな貢献をしたとみられる。カブール政権にとっては、イランとつながるルートを失い、その後守勢に回らざるを得なくなる決定的損失となった。

九六年には、戦闘はカブール攻防をめぐって東部に移った。タリバンは九月一一日には、東部の重要都市ジャララバードを落とした。カブール政権はカイバル峠を通ってパキスタンのペシャワルに通じる経済的に重要なルートも失った。一二日にはジャララバードからカブールのあるパグマン州に接するラグマン州を制圧、二五日には首都まで五〇キロのサロビに達した。こうして首都陥落が時間の問題になった時点で、攻防戦になれば市民の多大な犠牲が出るだけと判断し、ラバニ大統領をはじめとする政権を支える勢力は、カブールを放棄して北方への退却を開始した。それから数時間後の九月二六日夜、タリバンは首都に突入した。

その夜のうちに、国連の建物内で軟禁されていたナジブラと弟のシャハプール・アハマドザイが引き出され、拷問の末に処刑された。タリバンは二人の遺体を大統領官邸の交通信号機にぶら下げた。これが、タリバン支配の始まりであった。

タリバン支配体制

タリバンはカンダハール近くのパシュトゥン人の村で生まれ、次第に自分たちの本来の土地の外へと拡大し、アフガニスタンの大部分を支配するようになった。だが、タリバンの中核にいる指導部は、依然として、カンダハール周辺出身のパシュトゥン人ムラーに占められていた。彼らはアフガニスタンかパキスタンのマドラサで教育を受けたが、いずれもデオバンド系だった。タリバン指導部の性格は、カンダハールという地域性に基づく伝統とデオバンド思想という二つの要素で色づけることができる。

タリバンの政策を見ると、女性の社会活動に対する厳しい制限などは、パシュトゥン伝統社会を律する掟であるパシュトゥン・ワリの中にも見出すことができる。タリバンはまた、毎年三月二一日を正月とするノールーズの祝いを禁止した。この習慣は、紀元前のゾロアスター教の暦に基づき、アフガニスタン人最大の楽しみのひとつだった。ノールーズの禁止は伝統の否定であり、異教の宗教行事を容認しない狭量な宗教思想に基づくものだろう。

タリバンは九七年一〇月、アフガニスタンの国名を「アフガニスタン・イスラム首長国」と名付けた。最高指導者は、モハマド・オマルで、九六年四月カンダハールに集まった一二〇〇人の聖職者によって、「アミール・アル・ムーミニーン」に選ばれた。この称号は、「信徒たちの司令官」を意味し、イスラム教創始者ムハンマドを継いだカリフが名乗って以来、イスラム教最高指導者の称号である。「アミール」は軍の最高司令官などの呼び名としても使われた。初期イスラムの時代、カリフが指揮して、イスラム軍は支配を拡張し、大帝国を作った。伝統的タリバンは政治とは距離を置き、権力掌握に関心を示さなかったが、オマルが「アミール・アル・ムーミニーン」になったことは、アフガニスタンで初期イスラムの時代を再現しようとする意思表明であり、タリバンによる初めての明確な国家権力奪取宣言といえる。

タリバンの本拠地はカブール制圧後もカンダハールから動かず、そこでオマルの下に一〇人で構成する最高評議会と軍事評議会が置かれ、首都にはカブール評議会が設けられた。アフガニスタンの統一国家は一七四七年、パシュトゥン人（アフガン人とも呼ばれた）のアハマド・シャーがカンダハールで樹立した。カブールが首都になったのは一七七五年である。タリバンのカンダハールへの固執は、そこがアフガニスタンを支配するパシュトゥン人の本来の中心だという主張でもあったろう。

タリバンは首都を制圧すると、すぐに女性の外出、家の外での労働、通学を禁止した。タリバン政権が精力を注いだのは、反タリバン勢力との戦闘、治安維持、風紀取り締まりで、本来の行政機構はほとんど機能しなかった。

タリバンは、獲得した首都で早速、イスラム法に基づくとする厳格な罰則を施行した。窃盗犯の手足切断、姦淫に対する投石による死刑、飲酒者へのむち打ち刑などが、それに当たる。また、家事労働以外の女性の労働を禁止し、行政機関、学校、病院などで多く働いていた女性が職を失った。女性の学校教育も禁止され、あらゆる学校から女性が締め出された。アフガニスタンの子どもたちの娯楽だった凧揚げも禁止された。

続く内戦

タリバンが首都を制圧し、東部と南東部は平定された。だが、内戦が終結したわけではなく、攻防と膠着状態を繰り返し、ついには、二〇〇一年一〇月の米軍介入にまで至る。ラバニ大統領とマスードは首都を脱出してから半月後の一〇月一〇日、それまで対立しあっていたドスタム派、マザリがタリバンに殺害されたあとハザラ人のイスラム統一党を引き継いだムハマド・カリム・ハリリと手を結んだ。その直前、タリバンはドスタムを懐柔しようとしたが失敗していた。

このように各勢力は敵、味方がはっきりしない複雑な関係にあったが、マスードは、この機に間髪を入れず反撃に転じ、ヒンズークシ山脈のサラン峠からカブール方面へ向け攻め上がった。数日後にはバグラム空軍基地を押さえ、ここを拠点にしてカブールへの砲撃を開始した。カブールでは多くの死傷者が出たが、タリバンは兵士を増強し、九七年一月までに、バグラム基地を取り戻し、マスードはパンジシール渓谷まで撤退した。だが、その後もマスードはカブールを砲撃射程距離内に入れる近郊に進出し、首都への砲撃を九九年初めまで継続した。

タリバンは九六年一〇月には、西部のヘラート州からバグディス州へかけての攻勢も仕掛けていた。ここでは、有名な独立独歩のムジャヒディン指導者イスマイル・ハーンがタリバンへの抗戦を続けていた。ヘラートの政府軍将校だったイスマイル・ハーンは、ソ連軍侵攻から三か月後の八〇年三月、住民側に付いて大規模な蜂起を指導した。ソ連軍侵攻以来最大の戦闘になり、市民二万人以上が死亡し、歴史的な美しい都市が瓦礫と化した。このヘラート蜂起は、ソ連軍侵攻初期のムジャヒディン伝説を生んだ。

九六年末の段階で、タリバンのアフガニスタン支配地域は、アフガニスタン全土の約七〇％だった。アフガニスタンでは長い内戦が続いているが、雪に覆われる冬は戦闘は概して膠着状態になる。九七年の春が来て、五月、タリバンは北部の中心都市マザリシャリフへの攻勢を開始した。マザリシャリフは、ウズベキスタンへ通じる戦略的要衝というばかりでなく、アフガン人にとっては宗教的聖地だ。イスラム教第四代カリフのアリが、ここに埋葬されているとアフガン人は信じている。その廟がある壮麗なブルーモスクが市の中心にある。イスラム世界では、アリはイラク南部のナジャフに埋葬されているというのが歴史的事実になっている。だが、アフガン人にとってはマザリシャリフであり、この都市を支配する政治的意味は大きい。

タリバンが動き始めたとき、マザリシャリフはドスタム派の本拠地で、ドスタムは、ウズベク人の多いファルヤブ、ジョズジャン、バルフ、バグランの北部五州を独立国のごとく支配し、独裁者として君臨していた。ドスタム一派は、「アフガニスタン民族イスラム運動」を名乗るウズベク人の組織で、マスードと並ぶ実力を持ち、タリバンには侮りがたい敵だった。だが、この組織は内部抗争を抱え、九六年、ドスタムは、彼の最大のライバルであるグラム・ラスル・パハラワンを暗殺した。報復の機会を狙っていた弟のアブドゥル・マリク・パハラワン（通称マリク）は五月一九日、タリバンと手を結び、ドスタム打倒の反乱を開始した。タリバンはこの機を逃さず、マザリシャリフに侵攻した。ドスタムは防戦しきれず、ウズベキスタン経由でトルコにまで逃げた。

トルコ政府は、同じトルコ系であるウズベク人のドスタムへの密かな援助を通じて、アフガニスタンへの影響力を確立しようとしていた。トルコがドスタムを匿ったのは、この関係があったためだが、当時トルコに滞在していた筆者は、ドスタムとの接触を試みたが、繊細な外交問題の壁に阻まれた。

マリクはドスタム派の司令官、兵士五〇〇〇人を拘束し、タリバンにマザリシャリフへの道を開いた。パキスタン政府は、このタリバンの成功によって、ヒンズークシ山脈の北側でもタリバンが支配権を確立したものとみて、五月二九日タリバン政府を正式に承認した。その直後には、サウジアラビアとアラブ首長国連邦も承認した。

だが、この成功は束の間だった。マザリシャリフには、ハザラ人の大きなコミュニティもあり、ハザラ人のイスラム統一党も無視できない存在だった。彼らは共通の敵タリバンを前に、ウズベク人たちと敵対はしない程度に共存していた。だが、タリバンのマザリシャリフ入城にウズベク人のようには従わず、激しい抵抗を開始した。凄まじい市街戦になり、タリバン兵数百人が殺され、捕虜になった数千人が処刑された。

タリバンにマザリシャリフ統治から排除されたマリク派も、直ちにタリバンと手を切り、北部三州でタリバンから支配権を奪い返した。タリバンはマザリシャリフから押し出され、北部では、タジキスタン国境に近いクンドゥーズに、辛うじて拠点を残した。クンドゥーズは北部では例外的にパシュトゥン人が多い都市である。一八世紀にパシュトゥン人支配の統一国家アフガニスタンが成立して以来、その支配を確立するために、国家政策でパシュトゥン人を移住させたためである。二〇〇一年一一月に、米国がタリバン政権を倒すために軍事行動を起こしたときも、タリバンはマザリシャリフを失ったあと、クンドゥーズに立て籠もった。

タリバンは九七年九月にクンドゥーズからマザリシャリフ奪還を再度試みたが失敗した。だが、その最中に、ウズベク人のマリク派とドスタム派の戦闘も発生し、マリクはイランに逃げ、ドスタムはトルコから帰還し、シベルガンに拠点を置いた。マザリシャリフはハザラ人のイスラム統一党に支配されたままだった。

タリバンは、翌九八年八月の三度目の作戦で、ついにマザリシャリフを手中にした。その準備のために、パキスタンとサウジアラビアはタリバンへの軍事支援を強化し、タリバンは七月までにドスタム派を駆逐し、ドスタムは再びトルコへ逃げていた。タリバンは八月八日、マザリシャリフを急襲した。

それは、前年五月のハザラ人のタリバン虐殺に対する凄まじい報復となった。タリバン思想に根強い異端シーア派への嫌悪感も働いた。一般市民の無差別殺人、強姦、即決処刑、残酷な拷問による殺害が数日間続き、数千人が死亡した。

この混乱の中で、マザリシャリフのイラン領事館にもタリバン兵士がなだれ込み、駐在していたイラン人外交官九人全員が殺害された。またハザラ人に武器を運んでいたイラン人トラック運転手四五人もタリバンに拘束された。この事件は、旧式な無線を中継して、その日のうちにテヘランのハザラ人組織に伝えられ、この情報はイラン政府に渡された。これをきっかけに、イランはアフガニスタン国境に二〇万人の兵力を集結させ、タリバン政権との一触即発の軍事的危機が発生した。ハザラ人組織もイラン政府に緊急の軍事支援を求めた。だが、イラン民主化と近隣国との友好を基本政策として前年に誕生したハタミ大統領の政権は、軍事行動を取ることを留まり、戦争は回避された。

だが、この一連の出来事と同時に、アフガニスタンが世界に注目される、もう一つの事件が起きた。

Ⅵ章　ウサマ・ビンラーディンはなぜ迎えられたか

写真提供：共同通信社

米国大使館同時爆弾テロ

九一年一二月にソ連は消滅し、米国が世界で唯一の超大国となった。世界の秩序を取り仕切ろうとする国があるとすれば、米国だけとなり、米国は実際に、その立場を行使した。米国主導の「新世界秩序」構築である。世界がまだ地球規模で広がっていなかった時代、アレキサンダー大王の帝国、ローマ帝国、イスラム帝国、モンゴル帝国、オスマン帝国などが当時の文明圏を支配した。米国は、過去の帝国とは異なるが、世界政治に決定的な影響力を手中にし、現代版のある種の帝国支配の力を獲得した。この「帝国」に真正面から挑戦できる国はなくなった。この「帝国」経営で懸念されたのは、かつてのソ連のような核兵器を背景にした大戦力による脅威ではなく、地域紛争やテロといった通常兵器によって引き起こされる秩序攪乱だった。パレスチナ紛争がそのひとつであり、米国は中東和平実現に本格的に取り組んだ。そのころ、中東各地で頻発した反政府武装闘争もテロの範疇に入れ、その撲滅を新世界秩序を維持するための主眼とした。この米国による世界支配に真っ向から挑戦する事件が起きた。

九八年八月七日、アフリカ・ケニアの首都ナイロビとタンザニアの首都ダルエスサラームの米国大使館で、相次いで大爆発が起きた。合わせて米国人一二人を含む二六〇人が死亡し、四八〇〇人が負傷した。車に仕掛けた爆弾による同時テロだった。

それ以前にもサウジアラビアで、九五年一一月にリヤドの国家警備隊訓練施設が爆破され、米軍顧問四人が死亡し、九六年六月にはダーランの米空軍基地で強力な爆弾が破裂し、米軍関係者一九人が死亡するテロが起きていた。

米国政府は、この一連の米国を標的にしたテロの首謀者を、アフガニスタン国内に拠点を置く過激なイスラム運動指導者ウサマ・ビンラーディンとその組織「アル・カーイダ」と断定し、八月二〇日報復攻撃を実行した。攻撃対象は、ビンラーディンの基地、武器貯蔵庫、訓練施設があるアフガニスタン南東部コスト近郊のザワル・キリ・アルバドル、ビンラーディンの資金援助でスーダン政府が操業していたスーダンの首都ハルツーム北東部の薬品工場が選ばれた。薬品工場は、化学兵器製造の疑惑が持たれていた。

米軍はアラビア海と紅海に展開していた潜水艦を含む艦船七隻から、二つの標的に合計七五ないし一〇〇発の巡航ミサイルを撃ち込んだ。この攻撃でアフガニスタンでは二〇人以上が死亡したが、その多くは、インド・パキスタン国境で活動するカシミール・ゲリラ組織のメンバーだったとされる。彼らは、ビンラーディンの基地でゲリラ訓練を受けていた。

当時の米国大統領クリントンは、国連憲章第五一条で認められている「個別的自衛権」に基づく攻撃だと説明した。この説明で、米国の行動を国際法に照らして正当化できるかどうかは、国際的には疑問も持たれた。大使館爆破を、個別的自衛権を行使する根拠となる自国への武力攻撃とみなすべきか議論が分かれたからだ。また、クリントンは当時、ホワイトハウスの実習生モニカ・ルウィンスキとのセックス・スキャンダルにまみれ、報復攻撃には、世論の関心を逸らそうとする政治的意図が込められているのではないかとも勘ぐられた。このため、米国の攻撃は、国際的に全面的支持を受けることはなかった。米国追随を外交の柱とする日本政府すら、武力行使への支持を留保した。だが、米国とビンラーディンとの戦争は、こうして火蓋を切った。

二〇〇〇年一〇月一二日には、イエメンのアデン港に停泊していた米国の駆逐艦コールに爆弾を積んだ小型船が突入し、兵士一七人が死亡する事件が起きた。この海上テロも、間違いなくビンラーディンの指令による米国への攻撃とみられている。

タリバン政権は、米国からのビンラーディンの身柄引き渡し要求を拒否し、米国は九九年七月、ビンラーディンを匿うタリバン政権への経済制裁を発動した。米国はタリバン政権とも敵対関係に入っていった。二〇〇一年九月一一日の米国での衝撃的な同時テロ事件は、こうした脈絡の中で起きた。そして、翌一〇月、米国はアフガニスタンで直接軍事行動を開始した。そして、一か月後の一一月には、九八年八月にマザリシャリフを獲得したあとアフガニスタン全土の九〇％まで支配地域を広げ、権力基盤を固めたタリバン政権が崩壊するのである。

ウサマ・ビンラーディン

超大国・米国を攻撃目標に据えたビンラーディンの動機を理解するには、歴史を少し遡らなければならない。

ビンラーディンとアフガニスタンの関係は、ソ連のアフガニスタン侵攻以来のもので、長く深い歴史がある。

ウサマ・ビンラーディンは一九五五年ごろ、サウジアラビアのジェッダで生まれた。父親ムハマド・ビンラーディンはイエメン出身で、サウジアラビア政府と関係が深い建設会社の創設者である。何不自由ない富豪の家で育ち、六〇年代に父親が死んだとき、一〇代の少年だったビンラーディンは三億ドルという巨額な遺産を引き継いだとされる。地元のキング・アブドゥル・アジズ大学の学生になったときには、静かだが身長一九五センチの偉丈夫な若者になっていた。そのころ、ムスリム同胞団とのつながりを持ち、イスラム運動に関わるようになった。

一九七九年一二月、ソ連軍がアフガニスタンに侵攻すると、イスラム世界の各地からジハードを支援しようとする敬虔なイスラム教徒の若者がアフガニスタンへ駆けつけ、ムジャヒディンの戦列に加わった。彼らは、大多数がアラブ人だったため、「アラブ・アフガニ」と呼ばれ、その数はソ連軍が撤退した八九年までに二万五〇〇〇人に達した。ビンラーディンも、その一人だったが、彼の異なった点は自分の巨万の富をジハードに注ぎ込んだことだ。まもなく、父親から引き継いだ建設会社の一部を、数百人の従業員、大型の建設機械とともに、パキスタンのペシャワルに移した。当時のペシャワルは、ムジャヒディン勢力の本部だった。そこを拠点に、ビンラーディンはムジャヒディンの基地整備や出撃ルートの道路やトンネル建設に貢献した。

ビンラーディンは八四年には、ヨルダンのパレスチナ人でムスリム同胞団指導者アブダラー・アザムとともに、世界中からムジャヒディンを徴募する機関「マクタブ・アル・キダマト（ＭＡＫ）」をペシャワルに創設した。

ＭＡＫはアラブ人若者向けに、アフガニスタンで闘うよう呼びかける広告をアラブ世界全体に出す一方、エジプト、サウジアラビア、パキスタンのほか、米国やヨーロッパを含む世界各地にも徴募のための事務所を設けた。ビンラーディンは新参者のために、アフガニスタンまでの旅費も負担した。彼らの訓練のために、アフガニスタン国内で土地を確保し、訓練場を設け、世界中からゲリラ戦、破壊活動、秘密作戦の専門家も集めた。ここで訓練を受けた若者は世界五〇か国の数千人にのぼり、半数はサウジアラビアから、あとはアルジェリア、エジプト出身者が多く、イエメン、パキスタン、スーダン出身者も目立った。

米国は、中央情報局（ＣＩＡ）を通じ、ソ連と戦うムジャヒディン勢力に、スティンガー・ミサイル供与をはじめ、軍事訓練も行ったとされ、この秘密作戦全体で三〇億ドルを費やしたと推計されている。ビンラーディン自身は否定しているが、ＣＩＡが、この時期、ビンラーディンと接触していた可能性は高い。ビンラーディンは外国人ムジャヒディンの中で最も目立った人物であり、接触しないと考えるほうが不自然だからだ。

ビンラーディンは八八年までに、アザムと方針の違いで対立する。ビンラーディンがジハードを世界に拡大しようとする一方、アザムはアフガニスタンの前線での戦闘支援を重視していた。この年、ビンラーディンはアザムと別れ、「アル・カーイダ」を創設した。アラビア語で「基地」という意味である。アザムは八九年に暗殺され、ＭＡＫの過激グループはアル・カーイダに合流した。アザムの暗殺にビンラーディンが関わっていたという噂もある。

ソ連軍侵攻後、パキスタンとサウジアラビアも積極的にムジャヒディン勢力を支援していた。パキスタンの軍事援助は、自国から直接のものと米国やサウジアラビアからパキスタンを通じるものがあったが、こうした援助は軍統合情報部（ＩＳＩ）を通じ、主としてイスラム党ヘクマティヤル派に流れた。ソ連軍侵攻以前から、パキスタンはヘクマティヤルと密接な関係があり、ヘクマティヤルを押し立てて、アフガニスタンに親パキスタン政権を樹立しようと目論んでいたからだ。この関係は、九四年にタリバンが急成長し、パキスタンが支援相手をヘクマティヤルからタリバンに乗り換えるまで続いた。

サウジアラビアの直接援助は、主として、アブドゥル・ラブ・ラスル・サヤフが率いる「イスラム統一体」に向けられた。サヤフはカイロのアルアズハル大学で神学の修士課程を修め、アラビア語を流暢に話す人物で、サウジアラビアの国教であるイスラム教ワハブ派の強い影響を受けていた。サウジアラビアがこの組織を援助した背景には、こうした宗教的親密さがあった。ビンラーディンのもとで訓練を受けた多くのアラブ・アフガニたちは、ヘクマティヤルとサヤフの組織に主として送り込まれ、緊密な関係が生まれていた。

一九八九年、ソ連軍撤退に伴い、ビンラーディンはサウジアラビアに帰国し、故郷のジェッダでの建設会社経営に戻った。

このとき、ビンラーディンばかりでなく、多くのアラブ・アフガニたちがアフガニスタンを離れ、故国に戻った。彼らがアフガニスタンで身につけた急進的なイスラム思想と戦闘能力は、その後、様々な波乱を巻き起こしていくことになる。

イスラム原理主義武装闘争の拡散

アラブ・アフガニたちの祖国のほとんどは、中東の抑圧的政治体制のもとにあった。一部の特権階級が政治を支配し、イスラム教徒一般大衆は、政治的に疎外され、経済的には大多数である貧困層を形成していた。社会の底辺には、鬱屈した欲求不満が澱んでいた。イスラムの正義のために命を賭けて闘って帰国したアラブ・アフガニたちは、当然、祖国の不正義に目が行き、新たなジハードを開始した。彼らの存在なくしても、反政府活動は起こりえただろうが、アラブ・アフガニたちの思想と熟達した戦闘技術は、各国で当局者たちを震え上がらせるに十分な脅威となった。

アルジェリアでは九二年一月、軍事政権に対する容赦ないイスラム勢力の挑戦が開始された。政府軍への攻撃、暗殺、テロなど、最も過激な行動をとった組織「武装イスラム集団（GIA）」には、推定一〇〇〇人から一五〇〇人のアフガニスタン帰りが参加していた。アルジェリアは内戦に突入し、毎週数百人が殺害された。ＧＩＡは政府との政治対話を断固として受け入れず、穏健組織をも攻撃対象にした。血みどろの内戦は、九〇年代後半まで継続した。

エジプトでは九二年から、アラブ・アフガニを吸収した「イスラム集団」が、発祥の地である南部の上エジプト地方で活動を活発化させ、ムバラク大統領の独裁政権打倒を目指し、エジプトの最大の収入源である観光にダメージを与えようと首都カイロでは外国人観光客への攻撃を始めた。カイロの貧民地区はテロリストの巣と化し、市内で治安部隊との銃撃戦が起きるまでになった。九五年には、エチオピアを訪問したムバラクの車列を襲い暗殺を試みた。エジプトの対外イメージは失墜し、観光収入が激減した。九七年一一月には、古代エジプトの遺跡で有名なルクソールで、外国人観光客を自動小銃で無差別攻撃し、六二人を死亡させる事件を起こした。犠牲者の中には日本人一〇人も含まれていた。

イエメンも多くのアフガニスタンへの志願兵を出した国である。アラブ・アフガニたちが帰国したころ、西側寄りの北イエメンと東側寄りで社会主義の南イエメンに分断していた。南北イエメンは九〇年五月に統合したが、九三年五月に統一後の南北対立が原因で内戦に突入した。この戦争で、社会主義を憎悪するアラブ・アフガニたちは北のサレハ大統領を支持して戦い、勝利に貢献した。サレハはのちにイスラム原理主義勢力への締め付けを強めるが、イエメンは一時は行き場を失ったアラブ・アフガニたちの格好の避難場所になった。彼らの過激さは、ほとんどの母国で歓迎されなかったからだ。

ユーゴスラビア連邦から独立したボスニア・ヘルツェゴビナで九二年に拡大した内戦にも、数百人のアラブ・アフガニたちがイスラム教徒を支援するために参戦した。

アラブ・アフガニたちは、ヨルダンやパレスチナ、そしてカシミールやフィリピンでも、イスラム運動の最も過激な部分を構成した。彼らは、カネのために働く、単なる傭兵ではなく、信念で闘争に参加し、なおかつ国家の統制外にあった。米国でなくとも、秩序を維持しようとする支配体制側には、不気味な存在になった。アル・カーイダのメンバーは、各国の多くの過激組織に指導的立場で関わっていた。

ビンラーディンの新たな動き

ビンラーディンはアフガニスタンからサウジアラビアへ八九年に戻ったあとも、活発な活動を続けていた。アル・カーイダの基地はアフガニスタンに残してきた。ジェッダに移ってから「ジハード委員会」を設立し、世界各国に散らばるアフガニスタンからの帰還者の横のつながりを維持した。その一方、「不信心者の政府」への批判を強め、アラビア半島では、サウジアラビア、イエメンの反政府組織との関係を深めた。

ビンラーディンにとっての新たな転換点は、九〇年八月のイラクによるクウェートの武力占領だった。湾岸危機の発生である。イラク軍のさらなる侵攻を食い止め、クウェートから撤退させる軍事的圧力を加えるため、米国を中心とする欧米諸国主体の大規模な多国籍軍が、たちまちのうちに、クウェート、イラクと隣接するサウジアラビアに進駐した。翌年九一年一月にはイラクへの空爆が始まり、二月には地上軍がクウェート、イラクに突入し、イラク軍を敗走させた。

イラク大統領サダム・フセインは、欧米諸国や日本では悪の権化のごとく言われ、実際に、その通りだが、中東アラブの大衆は、もっと複雑な宗教的、民族的感情を込めて、この戦争を見つめた。湾岸戦争は世界史上初めて、テレビで生々しく中継された戦争だった。日本人が茶の間で見たように、アラブ人もテレビを食い入るように見た。アラブのイスラム教徒たちは、国境を越えた連帯感を持つ。彼らは、同じアラブのイスラム教徒同胞が外国人に攻撃されている場面を、暗い、悲しい気持ちでみつめた。サダムは悪い、だが仲間が異教徒に殺されていいのか、という釈然としない気持ちだった。

いつしか、多国籍軍はアラブのマスコミを通じ、「新十字軍」と呼ばれるようになった。一一世紀にヨーロッパのキリスト教徒が、自己中心的な集団的宗教心理で、イエス・キリストの聖地エルサレムを奪取するために、イスラム教徒に戦争を仕掛けた十字軍のイメージと重なったのだ。ビンラーディンも同じ気持ちで、この戦争を見ていた。その意味では、彼はアラブ世界では、決して例外的な跳ね上がり分子ではない。イスラム教徒の世界の問題は、イスラム教徒が自分たちで解決すべきだと主張した。この主張はサウジアラビアを支配するサウド王家への批判になった。

ビンラーディンは、イスラム教の二大聖地メッカとメディナの守護者であるサウド家が腐敗し、自分の国を守れず、異教徒の不信心者として世界を支配しようとしている米国の助けを借りたと、激しい批判を展開した。サウジアラビアからのアフガニスタンのジハード支援で、大きな役割を果たしたビンラーディンは、王家一族とも親しい関係があり、容易に扱える人物ではなかった。だが、あまりに激しい批判に王家も持て余し、ビンラーディンはサウジアラビアには住めなくなった。

ビンラーディンは九一年、スーダンの首都ハルツームに移住した。スーダンでは、イスラム原理主義の指導者ハッサン・トラビが隠然たる指導力を持ち、アラブ・アフガニたちを迎え入れていた。ここでも、ビンラーディンは建設会社を運営し、道路、空港、工場建設など、社会資本が乏しく貧しいスーダンのインフラ整備事業に貢献した。九八年八月に、アフリカの米国大使館爆破事件のあと、米国がビンラーディンを首謀者とみて、アフガニスタンと共にスーダンを巡航ミサイルで攻撃したのは、この関係があったからである。ビンラーディンは、その一方、各国のアラブ・アフガニをスーダンに呼び集め、各国のイスラム原理主義反政府活動への支援を続け、サウジアラビアの王家への批判もやめなかった。このため、九四年、サウド王家はビンラーディンのサウジアラビア国籍を剥奪した。

このころ中東各地で吹き荒れていたイスラム原理主義勢力の武装闘争の多くは、アラブ・アフガニを中核とし、その背後にビンラーディンの影があった。米国は、冷戦後の「新世界秩序」構築の戦略に基づき、「テロリスト」一掃を目指して、関係する各国政府に政治的圧力をかけていた。

サウジアラビアのビンラーディン追放も、その一環だった。パキスタンでは、ベナジル・ブット首相がペシャワルを中心に国内に滞在するアラブ・アフガニの国外退去を命じた。米国はテロリスト支援国家のリストを作り、そのリストに加えられた国は経済制裁の対象になった。パキスタンでは、アフガニスタン工作を続けていた軍統合情報部（ＩＳＩ）の抵抗があったが、ブットは米国の制裁を恐れて、アラブ・アフガニ追放を決定した。追放された彼らのほとんどは、アフガニスタンへ向かった。

米国はスーダンをすでにテロリスト支援国家のリストに載せていたが、その後スーダンにも政治的圧力を加えた。九五年のエチオピアでのエジプト大統領ムバラクに対する暗殺未遂事件ではスーダンの関与も取り沙汰され、国連によるスーダン制裁の可能性も出てきた。スーダンは、国際的孤立の危険を避けるため、九六年五月、ビンラーディンとその一派を国外に追放した。スーダンを追放されたビンラーディンは、アフガニスタンへ七年ぶりに戻った。

エジプト治安当局によると、このころ、アル・カーイダのメンバーは二八三〇人で、このうち、エジプト人五九四人、ヨルダン人四一〇人、イエメン人二九一人、イラク人二五五人、シリア人一六二人、アルジェリア人一七七人、スーダン人一一一人、チュニジア人六三人、モロッコ人五三人、パレスチナ人三二人が確認されたとしている。

ビンラーディンはアフガニスタンに戻ってから、米国への敵意を一層強め、九六年八月、米国への「宣戦布告」を発表した。

九八年二月二三日、ビンラーディンは、エジプトの「イスラム集団」指導者リファイ・アハマド・タハ、「ジハード団」指導者アイマン・アルザワヒリ、パキスタンの「ウラマ協会」代表ミール・ハムザ、バングラデシュの「ジハード運動」指導者ファズルル・ラハマンと共に、「ユダヤ人と十字軍に対する闘争」と称する連合組織を結成した。そして、米国に対するジハードを、イスラム教に基づく勅令「ファトゥワ」として宣告した。

以下が、そのファトゥワである。

「七年以上にわたって、米国は、イスラムの最も神聖な土地、アラビア半島を占領し、富を略奪し、指導者を意のままにし、人々を侮辱し、周辺諸国に脅威を与えている。そして、アラビア半島の基地を近隣イスラム諸国と戦う先鋒にしている。

その最良の証明は、イラク人民に対する米国の継続的侵略である。アラビア半島の指導者たちは、自国の領土が使用されることに反対だが、何もできない。

十字軍・シオニスト同盟によるイラク人民の蹂躙、一〇〇万人を越える膨大な死者の数、こうした全てにもかかわらず、米国は、またもや恐怖の虐殺を繰り返そうとしている。

米国の狙いは、ユダヤ人の取るに足らない国家（イスラエルのこと）に奉仕し、その地におけるエルサレムの占領とイスラム教徒虐殺から注意を逸らすことにある。米国はイラクを壊滅させ、地域の諸国をばらばらに分裂させて弱体化し、イスラエルの生存と野蛮な十字軍によるアラビア半島占領の継続を保障しようとしているのである。

米国の犯した犯罪と罪悪は、明確に、ジハードの宣言に価する。敵がイスラム教徒の国を破壊すれば、ジハードはイスラム教徒個々人の義務である。

民間人であろうと軍人であろうと、米国人とその同盟者を殺すことは、それが可能なら、いかなる国でも個々人の義務である。それによって、聖なるアル・アクサ・モスク（エルサレムのイスラム教聖地）を解放し、敵をイスラムの土地から追い出し、打ち砕き、イスラム教徒への脅威を無くすのだ」

続いて九八年五月二八日には、「米国とイスラエルに対するジハードのための国際イスラム戦線」の結成を発表した。ビンラーディンはパキスタンのジャーナリストたちをアフガニスタン国内の基地に招き、パキスタンをはじめ数か国のイスラム組織が、この戦線への参加を明確にしたと語り、エジプトのジハード団指導者アイマン・アルザワヒリが戦線の中心になることを明らかにした。

このとき、ビンラーディンは、世界の唯一の超大国である米国を果たして敵とすることができるのかと質問された。これに対し、「米国は脆弱だ。戦争で破ることができる。同じことはアフガニスタンで起きた。ソ連はアフガン人とアラブ人のムジャヒディンに辱められて、最後には去っていった」と答えた。ビンラーディンは言葉通りに、米国への挑戦を実行したのである。

タリバンとビンラーディン

ビンラーディンは、米国による世界支配構造の破壊を目指すイスラム国際主義の思想を持つ。世界各地に拠点を持ち、国際金融を利用した資産運用もしている。ある種のコスモポリタンと言える人物だろう。

一方、タリバンは、アフガニスタンの外部世界からは隔絶した田舎の村で、国際情勢などには疎い若者たちが、古い伝統に則って開始した世直し運動であった。少なくとも、タリバンは、九六年九月に首都カブールを制圧し、実効支配を確立する前までは、国際情勢には、ほとんど関心がなかったろう。

ビンラーディンは九六年五月に、スーダンからアフガニスタンへ拠点を移動したが、当時のビンラーディンとタリバンが共鳴しあう思想的、性格的共通点を見出すのは難しい。だが、のちにタリバンは、米国のビンラーディン身柄引き渡しを頑強に拒否するほど、両者は一心同体の関係となった。

ビンラーディンが敵とする米国も、タリバンには当初、敵対的ではなく、むしろ接近すらしていた。タリバンとビンラーディンの関係には、のちに、その両者と敵対した米国の存在が大きく影響した。

米国のカーター政権時代の大統領補佐官ズビグニュー・ブレジンスキーによれば、米国は一九七九年のソ連軍侵攻以前から、ムジャヒディン勢力との秘密接触を開始していた。侵攻後は大規模な援助を続けたが、ソ連軍が八九年に撤退したあとは、アフガニスタンの舞台から引き下がった。冷戦が終結し、アフガン人同士が殺し合っているかぎりは、米国の利害に関わりがなかったからと言えよう。だが、タリバンの登場は、再び米国の目をアフガニスタンに向けた。タリバンが戦乱に明け暮れた国に安定をもたらす勢力になりうる様相になったからだ。安定が実現すれば、米国の利害に、アフガニスタンは大いに関わることが可能だ。

第一に、米国社会を悩ます麻薬の問題である。アフガニスタンは、ヘロインの原料ケシの世界最大の生産地だ。その栽培を不安定な政権は制御することができなかった。アフガニスタンで栽培したケシから採った生アヘンは、イラン経由で、トルコ、ブルガリアを通り、ヨーロッパ、米国の最終消費地に到達する前のどこかでヘロインに精製される。麻薬の流通ルートは、アフガニスタンと北で接する中央アジア諸国を経由し、ロシアにも向かう。ソ連崩壊後に根を張ったロシアのマフィアが世界にばらまく。

タリバンは、九四年に勢力範囲拡大を開始したとき、麻薬の密輸で腐敗した軍閥を駆逐し、ケシ栽培を禁止した。国連統計によると、アフガニスタンのケシ栽培面積は九四年に七万一〇〇〇ヘクタール以上あったが、タリバンが支配地域を広げるにつれ、面積は五万ヘクタール台に減少した。タリバンが政権を掌握しても、長い内戦で疲弊した経済が回復する兆しはなく、農民たちは再びケシ栽培に収入源を求め、禁止はやがて、なし崩しとなった。だが、初期のタリバンは、米国から見ると、その思想と行動は理解し難いが、清廉潔白さは麻薬撲滅のための大きな味方になりうると思えた。

第二に、タリバンは、米国が封じ込めに躍起になっていたイランを敵視していた。伝統に基づく頑迷なイスラム教スンニ派のタリバンは、シーア派のイランを嫌悪していた。タリバンが中央高地を中心に住む少数民族ハザラ人を憎悪し、虐殺の対象にする理由の一つは、彼らがシーア派に属するからだ。タリバンとの関係確立は、イラン包囲網の強化につながる。

第三に、米国は、ソ連崩壊後に独立した中央アジアへの影響力を確立しようとしていた。そのための最も効果的な策は、カスピ海一帯の石油、天然ガス資源から生じる莫大な利権への接近だ。内陸の中央アジアで産する天然資源は、輸送のための海への輸送が決定的重要性を持つ。輸送のためのパイプラインのルートは、通過国の経済的利害に関わり、同時に、政治的関係によっても律しられる。

九四年ごろから、トルクメニスタンの天然ガスを輸送するためのパイプラインをアフガニスタン経由でパキスタンのカラチの港に至るルートで建設しようとする動きが出てきた。輸送のインフラも整っているイラン経由が経済的には利にかなっているが、米国がイランに経済制裁を課しているため不可能だ。アルゼンチンのブリダス社と米国のユノカル社が、この事業実現に名乗りを上げた。だが、このパイプライン建設は、アフガニスタンの政治的安定が前提であり、二つの会社はそれぞれ、アフガニスタンの支配を確立する勢いのタリバンへの接触を図った。米国政府は、中央アジア戦略をからめ、ユノカルを支援した。

米国政府は、こうした情勢のもとで、タリバンとの直接的な接触を開始した。担当したのは、国務省の南アジア担当次官補のロビン・ラフェルという女性だった。彼女は、九六年四月と八月に、タリバンの本拠地カンダハールを訪れた。そのとき、タリバン最高指導者オマルをはじめとする最高幹部に会ったとされるが、当時のアラブの新聞報道によると、ラフェルはベールで髪の毛も隠さず、西欧の通常のファッションだったという。アフガン女性に顔と全身を隠すブルカを強制し、家の外での活動も禁止するタリバンが、不信心者の異教徒を象徴する服装のラフェルを受け入れたことは、当時のタリバンと米国の関係を示唆するエピソードである。タリバンは九七年二月には、ユノカル社の招待でワシントンにも代表団を送り、国務省の担当者とも会っている。

だが、米国は、九八年八月の米国大使館テロ事件のあと、首謀者と目されるビンラーディンの滞在を許しているタリバン政権との距離を大きく取り始めた。戦略的接近の意図は失せた。ユノカルは九九年八月、アフガニスタンのパイプライン建設計画を無期限に延期すると発表した。

タリバンとビンラーディンの関係は、米国との関係と裏腹にある。

ビンラーディンにとっても、ソ連との戦争に命を賭けたムジャヒディン勢力に敵対し、イスラムの教義よりも、むしろパシュトゥンの部族伝統の色彩を色濃く持つタリバンに、違和感を覚えたに違いない。広く世界を知っていると自認する都会人が、世間知らずの田舎者を馬鹿にするという関係すらあっても、おかしくなかったろう。

両者は、いかにして接近したのだろうか。アハメド・ラシド著『タリバン』（邦訳講談社）によると、ここでもパキスタンが登場する。パキスタンは、インド領になっているカシミールの地位に関して、独立以来、インドと対立している。パキスタンはカシミール独立を目指すイスラム・ゲリラを支援していたが、その軍事訓練は、ビンラーディンのアル・カーイダがアフガニスタン国内ホストに持つ基地で行われていた。パキスタンは、この基地を確保しておくために、ビンラーディンをタリバンに引き合わせ、その結果、ビンラーディンはホストに戻ることができた。

九七年に、タリバンによって、ビンラーディンはカンダハールに移されたが、タリバンへの資金援助や公共事業で、タリバンに財政的貢献をした。ビンラーディンは九七、九八年のタリバンによる北部攻勢に数百人のアラブ・アフガニを参加させ、軍事的貢献もした。

タリバン最高指導者オマルの妹ないしは娘が、ビンラーディンの四人の妻の一人だという情報もある。

こうした情報を総合すると、ビンラーディンが、あらゆる手段を使って、タリバンに食い込んだ姿が浮かび上がる。二〇〇一年一一月に、米軍と反タリバン勢力の攻勢でタリバン政権は崩壊したが、このときタリバンから離脱した元内務次官モハメド・ハクザルは、記者会見で、「外国人（ビンラーディンらのアラブ・アフガニ）はアフガニスタンから出ていくべきだ。彼らは、彼らの考えで、アフガニスタンを破壊している」と語った。ハクザルは九九年に、ＡＰ通信とのインタビューで、「ビンラーディンと彼のアラブ人追随者たちは、タリバン指導部と一体化し、資金と兵士を供給することによって、大きな影響力を行使している」とも語っていた。

また、タリバン政権崩壊後、秘密警察の幹部だったという人物が、読売新聞に内情の一部を語っている。それによると、アル・カーイダと繋がりのあるアラブ人やパキスタン人がアドバイザーとして、タリバンの中で次第に力を強めていった。タリバンは当初、アル・カーイダの影響を受けたくなかったため、彼らを客人として扱っていた。だが、最高幹部並みに厚遇しているうちに、タリバンが乗っ取られてしまったという。アラブ人たちは高級車を乗り回し、各省の部屋にノックもせずに入ってくることも多く、「省内を我が物顔で歩いているので、廊下では道をゆずらねばならなかった」と、この人物は語っている。タリバンは、ビンラーディンと一体化したとも、引きずられていたとも言えるのだろう。

ビンラーディンにとって、地球上で安住できる場所は、アフガニスタンしか残っていなかった。オマルを味方に引き入れることが、ほとんど唯一の生き残り策と闘争継続ための欠くことのできない前提となったのは明らかである。

だが、ビンラーディンとタリバン指導部が一体化と呼べるような関係ができたのは、九八年八月の米大使館同時テロ以降、ビンラーディンを匿うタリバンが、米国を中心とする国際的圧力の強まりで、孤立化が一層深まってからだろう。それまでは、タリバンのビンラーディンへの姿勢は一貫していない。

八月二〇日に米国が巡航ミサイルによる報復攻撃を実施した翌日、オマルは「米国の攻撃は、アフガニスタン国家への敵意の表明」と、米国を激しく非難した。だが三日後の二四日には、「ビンラーディンは、賓客として迎え入れているだけだ。アフガニスタンを拠点に外国を攻撃するようなことは控えるべきだ」と、パキスタン紙ニューズに語った。九月にはサウジアラビアがアフガニスタンから外交官を引き揚げ、タリバンとの関係を事実上断絶したが、タリバンはサウジアラビア政府に対し、「テロ事件犠牲者の遺族から公式要請があれば、ビンラーディンを裁判にかける用意がある」と伝えた（サウジアラビア紙アル・ハヤト）。さらに一〇月には、タリバンは、ビンラーディンと米大使館テロの関連を法的に調査していると発表した。

その一方、一一月四日に、米国のニューヨーク連邦大陪審がビンラーディンを被告不在のまま、殺人共謀罪などの罪で起訴すると、タリバンは、「世界各地の米国市民の安全を脅かす結果になろう」と反発した。

タリバンは米国との直接交渉にも応じていた。一九九九年二月三日、大使館テロ事件後初めて、タリバンの外務次官アフンドは、米国務次官補インダーファース（南アジア担当）との会見に応じた。この年、タリバンはニューヨーク、ワシントンなどでも、インダーファースら米国務省担当者と接触し、米国側からビンラーディンの身柄引き渡しを求められた。だが、進展はなく、九九年一二月一三日の会合で、米国はタリバンに対し「ビンラーディンによる、いかなるテロにもタリバンが直接責任を持つとみなす」と、最後通告とも受け取れるメッセージを伝えた。

米国は、タリバンとの交渉を持つ一方、タリバンへの圧力も強めていた。九九年三月には、国連事務総長アナンに、「アフガニスタン国内のテロリストがいるとみられる施設に、事前通告なしで、米国が軍事行動をとる可能性がある」と伝えた。一〇月一五日には、国連安全保障理事会が、ビンラーディンの身柄を渡さないなら、タリバンに経済制裁を発動するとの決議を採択した。この決議案は、米国のほか、タリバンの影響を受け中央アジアへの過激主義が拡大するのを恐れるロシアなどが共同提案したものだ。制裁は一一月一四日に発動し、タリバン支配地域からの飛行機の離着陸が全面禁止となり、タリバンの海外資産が凍結された。

オマルは、日本の読売新聞（一九九九年一一月二三日付け）の書面インタビューに「制裁を受けてもビンラーディンは引き渡さない」と答えた。タリバンが米国との交渉にも応じていたのは、もはや時間稼ぎにしかみえなかった。

年が明け二〇〇〇年になると、ビンラーディンのオマルへの影響力がかなり浸透していることが明白になった。一月一六日、タリバンは、ロシアから分離独立を目指しているチェチェン共和国を正式政府として承認した。ビンラーディンは、ロシア軍と戦闘を続けるチェチェンのイスラム勢力の軍事訓練をアル・カーイダの基地で行い、アラブ・アフガニたちを戦闘要員として派遣していた。チェチェンは、ビンラーディンが深い関わり持つ地域であり、国際的イスラム運動に関心を持たなかったタリバンには未知の土地であった。この時点までには、タリバン指導部はビンラーディンと一体化していたと言えるだろう。

ビンラーディンの活動とタリバンの過激主義が与える影響を封じ込めようとする動きは、米国主導のものばかりでなく、アフガニスタンの北側に位置する諸国も独自に対応を進めていた。九六年に中国の上海で始まった「上海5」の集まりである。イスラム原理主義勢力の活動拡大による統治の不安定化を懸念する中国、ロシアと中央アジアのカザフスタン、キルギス、タジキスタンが結束して共同行動を取るための協議を行うことが目的だ。中国政府の抑圧的政策のもとにある新疆ウイグル自治区では、イスラム教徒住民が抵抗運動を続けていた。ビンラーディンは、ここにも接触していた。

タリバンとビンラーディンは、国際的孤立が深まれば深まるほど、一体化を強めていった。

バーミヤン石仏破壊

国際的に孤立したタリバンは、異様な手段で世界への報復を実行した。

二〇〇一年二月一七日、タリバンは北部同盟に奪われていた中部の要衝バーミヤンを奪還した。バーミヤンは、仏教とアレキサンダー大王が持ち込んだヘレニズム文化が融合した独特のガンダーラ文化の遺跡で世界に知られている。とくに、四世紀から六世紀に、断崖を削って作られた高さ五五メートルと三八メートルの二つの巨大な石仏の立像は有名だ。

オマルは二月二六日、偶像崇拝を禁じるイスラム法に基づくとして、国内すべての彫像の破壊を命じるファトゥワ（宗教布告）を出した。オマルは布告にあたり、「破壊するのは、ただの石に過ぎない」と述べた。この布告に基づき、三月一日、タリバンは、国内のあらゆる彫像の破壊を開始した。翌二日、タリバンはバーミヤンの巨大石仏に対して、ロケット砲、戦車砲、対空砲などによる「攻撃」を開始した。この日のうちに、頭部と脚部を破壊し、全国の彫像の三分の二を破壊した。八日には、巨大石仏にダイナマイトを仕掛け、完全に粉砕した。世界的文化遺産の破壊に、世界中が悲鳴を上げた。オマルの布告を激しく非難した。

タリバンは世界から沸き上がる非難と中止を求める声を完全に無視し、ユネスコ特使には「国内問題だ」と答えて中止要請を拒否した。

タリバンは世界を敵に回したが、その頑なさには、世界への憎悪が込められているかのようだった。アフガニスタンは過去三〇年間で最悪という干魃に見舞われていた。国際社会からの援助が最も必要なときに、国連の経済制裁が続き、国内を数十万人の避難民がさまよっていた。タリバン幹部たちは、「国連はアフガン人を救おうとしないで、石仏を助けようとしている」と、外国人ジャーナリストたちに不満をぶつけた。

タリバンは、一九九七年四月にも現地司令官が石仏破壊を宣言したが、国際的批判で実行を思いとどまった。九八年九月には、頭部に砲弾を撃ち込んだこともある。だが、それ以上には発展しなかった。だが、最後に全面的破壊を実行したときには、世界の声に耳を貸さなかった。パシュトゥン人の伝統的な掟である「血の報復」を国際社会に向けて実践したかのようでもあった。

タリバンは石仏を破壊せず、いわば、「人質」にして、国際社会に何かを要求することもできたかもしれない。飛行機をハイジャックして、何も要求せずに、有無を言わせず、ニューヨーク世界貿易センターのツイン・タワーに突っ込んだ破壊行為の原型を、ツインの石仏立像破壊に見ることができる。そびえ立つ世界貿易センターのビルは、米国を象徴する、まさに偶像だった。あまりに類似したふたつの破壊のメンタリティを見ると、石仏破壊をしたタリバンの背後に、ビンラーディンの影がくっきりと浮かんでくる。

Ⅶ章　汚れた内戦

写真提供：共同通信社

繰り広げられる残虐行為

タリバンはアフガニスタン全土の九〇％までは支配したが、反タリバン勢力の北部同盟との戦闘は続き、全土の安定をもたらすまでには至らなかった。対立する同士の憎しみを込めた酷たらしい殺戮合戦が繰り広げられていた。アフガニスタンに人権という言葉は通用しない。ソ連軍とその傀儡共産主義政権は、数多くのアフガン人を虐殺し、支配を維持しようとした。だが、残酷な虐殺行為は、ソ連軍が撤退し、共産政権が倒れても無くならなかった。

人道的見地で紛争当事者の戦闘方法や手段の制限、捕虜や非戦闘員の保護などを規定する「国際人道法」がある。米国を拠点とする国際人権団体「人権ウオッチ」の報告書（二〇〇一年七月）は、過去数年のタリバン、北部同盟両勢力による国際人道法違反のケースを上げている。これらの残虐行為はほぼ確認されたものだけであり、全体の一部でしかないだろう。

タリバンの違反

＊一九九七年九月　マザリシャリフ奪取に失敗し撤退するタリバン部隊がシーア派ハザラ人を即決処刑。国連報告によると、マザリシャリフ近郊のケゼラバードで、村人五三人を処刑、約二〇軒の家を放火、シェイハバードでは、老人約三〇人を処刑した。

＊一九九八年八月　マザリシャリフ制圧（八日）後、少なくとも二〇〇〇人の市民（大多数はハザラ人）を即決処刑、数千人（ウズベク、タジク人を含む）を拘束、多数の女性がタリバン兵に強姦、誘拐された。

＊一九九九年七～一二月　一連の北部での攻勢で、即決処刑、誘拐、女性の失踪、抑留者の強制労働、人家の焼き払い、地元経済を支える果樹の破壊が発生。抑留者を地雷除去に利用したケースもある。

＊二〇〇〇年五月　北西部の町プリフムリ近郊で、民間人三一人を即決処刑。

＊二〇〇〇年八～一〇月　北部の都市タロカン制圧（九月五日）までの数週間、住宅街を爆撃、砲撃し、クラスター爆弾も使用。制圧後、北部連盟司令官マスード支持の容疑者を即決処刑。

＊二〇〇一年一～六月　中央高地ハザラジャートのヤカオランを一月に奪取後、民間人一七六人を虐殺、その後奪還され、再び取り戻した六月、民間人多数を処刑、中心部を焼き尽くした。民間人のほとんどはハザラ人だった。一月にはフワジャガールでウズベク人民間人を少なくとも三一人処刑。

北部同盟の違反

＊一九九三年二月一一日　イスラム協会、イスラム統一体の部隊が、イスラム統一党支持基盤のカブール西部地域を襲い、七〇～一〇〇人のハザラ人を殺害、多数を強姦。

＊一九九五年三月　イスラム協会の部隊がカブールのハザラ人居住地域カルテセーで、暴行、略奪を働き、女性を強姦。
＊一九九七年一月五日　ドスタム派航空機がカブールの住宅街にクラスター爆弾を落とす。
＊一九九七年五月　マリク派部隊がマザリシャリフで、捕虜のタリバン兵約三〇〇〇人を即決処刑。タリバン兵の一部は、砂漠に連行され射殺されたほか、井戸に投げ込まれ、手榴弾で殺害された。
＊一九九八年九月二〇〜二一日　タリバン支配下のカブールの北部で、イスラム協会によるとみられる無差別ロケット砲撃が加えられ、推計七六〜一八〇人が死亡。
＊一九九九年後半〜二〇〇〇年前半　北部のサンチャラク地区で、北部同盟が支配していた四か月間に、主としてパシュトゥン人を対象とした即決処刑、民家焼き払い、略奪。

対立、分裂を促進した外国の干渉

アフガニスタン国家は、一八世紀に成立したが、現在に至るまで、中央政府が国土の隅々に至る権威を確立したことはない。主要な都市を離れれば、国家から恩恵も受けないが、支配もされない部族社会が存在してきた。治安、警察力の及ばない山間部では、山賊や強盗団が横行していた。遠い昔からの敵対部族を略奪する伝統が残っているとすれば、彼らに犯罪の意識はないだろう。人々は、同じ民族の中で、さらに細分化された部族を全宇宙として伝統生活を暮らしてきた。アフガニスタンに、本来の意味での統一された国民国家は、現在に至るまで生まれたことはなかった。

ソ連軍が侵攻したあと、様々なムジャヒディン組織が、それぞれにジハードを戦ったが、真の組織間統一を実現することは、決してなかった。アフガン人たちが、統一や和解より対立・戦闘に走ってしまう伝統を持っているのは間違いない。だが、様々な思惑を持った外国の干渉が、それを助長した。かつての大英帝国とロシア帝国の時代から、アフガニスタンは外国からの干渉に翻弄されてきた。ソ連は干渉のあげく、大英帝国と同様に軍事介入した。パキスタンも反政府勢力を援助して干渉を続け、ソ連軍侵攻後はムジャヒディン勢力に基地を提供し、軍事援助を強化した。ソ連に対抗して、米国、サウジアラビアもムジャヒディンへの支援を開始し、アフガニスタンは、米ソ代理戦争の場ともなった。

ソ連軍撤退後も続いたパキスタンの干渉は、アフガニスタン情勢をさらに複雑にもつれさせ、タリバン支配を生んだ。だが、そこには、パキスタン以外の国々も登場する。

イラン

ソ連軍がアフガニスタンに侵攻した七九年のイランは、ホメイニ革命の混乱が続き、八〇年にはイラン・イラク戦争が始まった。イランには、アフガニスタンに干渉する余裕はなかったが、二〇〇万人にのぼるアフガン難民がイランに流れ込み、イランと同じシーア派のハザラ人との関係を深めた。首都テヘランにはハザラ人組織の事務所が設けられた。だが、当時のイランの支援は政治的連帯の表明以上のものではなかった。

ハザラ人組織の事務所は、八〇年代までは、建設現場で肉体労働に従事する難民や不法入国者のみすぼらしい一時宿泊所の域を出るものではなかった。だが、九〇年代後半に、訪れてみると、きちんとした応接セットが置かれ、担当者の応対もしっかりして、本来の事務所として、しっかり機能しているように見えた。そこに、イランの支援の変化が読み取れた。

イラン・イラク戦争は一九八八年七月に終わり、翌八九年二月にアフガニスタンからソ連軍が撤退した。こうして、イラクとの消耗戦から解放された一方、西隣りのアフガニスタンには、力の空白地帯が現れようとする新しい状況が生まれた。イスラム革命以来、国際的に孤立していたイランは、そこに敵対する政権を誕生させるわけにはいかなかった。イランはまず、九〇年に、テヘランを拠点にするシーア派九組織が連合して「イスラム統一党」を結成した際に手を貸した。また、シーア派ばかりでなく、その他の勢力との接触も開始し、九一年には、イスラム統一党、ラバニとマスードのイスラム協会のアフガン勢力に加え、ソ連崩壊で独立したタジキスタンと文化協力協定を結んだ。いずれもペルシャ語文化という共通点がある。イランはさらに、ドスタム将軍らのウズベク人組織とも接触した。

九二年にナジブラ共産政権を倒し、カブール制圧を成し遂げた北部同盟は、イランがかねてから接近していたシーア派、タジク人、ウズベク人各組織への外交的働きかけで結成された。この北部同盟によって、パキスタンが支援していたパシュトゥン人主体のイスラム党ヘクマティヤル派の政権樹立への野望は打ち砕かれた。

だが、カブール制圧後、新政権を樹立するや否や、ムジャヒディン各勢力は複雑な対立抗争を開始する。ヘクマティヤル派は主導権を取れなかったことへの不満で反旗を翻し、パキスタンがそれを背後から支援した。そればかりでなく、北部同盟の各組織も互いに衝突した。イランは北部同盟のラバニ大統領政権ばかりでなく、とくにシーア派のイスラム統一党を中心に、ドスタム派にも個別の援助を与えていたため、マスードは、露骨に「イランの外部からの干渉」と批判した。イランは北部同盟の結成と同時に、内部対立にも貢献したと言えよう。

タリバンが登場し、大きな脅威になってきた九五年から、イランは、北部同盟各勢力間の和解実現へ向けた外交努力を続ける一方、軍事支援も強化した。だが、イランの軍事援助が本格化したのは、九六年にタリバンがカブールを制圧し、北部同盟が敗走したあとである。

イランは、イラン空軍の米国製C１３０、ソ連製Ａｎ24、Ａｎ32輸送機で、バーミヤン、マザリシャリフの空港へ武器を空輸した。九八年以降、マザリシャリフなど、輸送機が離着陸できる空港のある拠点都市をタリバンに奪われるにつれ、中央アジア諸国経由の鉄道が武器輸送に使われた。輸送された軍事物資には、一二二ミリ砲弾、一二〇ミリ迫撃砲弾、七・六二ミリ銃弾、Ｔ

55、T62戦車用一〇〇ミリ、一一五ミリ砲弾、一二二ミリ榴弾砲、一二二ミリロケット砲、対人地雷、対戦車地雷など多岐にわたっていた。イランはまた、北部同盟に軍事訓練要員も派遣していた。

サウジアラビア

イランを仮想敵国とし、その影響力拡大に神経を尖らせていたサウジアラビアは、イランと近い北部同盟とライバル関係にあるイスラム党へクマティヤル派を主たる支援相手として、九一年から九三年にかけて、二〇億ドルにのぼる援助を与えたとされる。パキスタンが九四年に、へクマティヤル派に見切りを付け、新たに登場したタリバンへの支援を開始すると、サウジアラビアも追随した。タリバンの主たる財政支援国になったばかりでなく、武器援助も行ったとみられている。九六年には、外国人ジャーナリストがカンダハール空港で、サウジアラビアのC130輸送機が砲弾と銃弾を降ろし、タリバン兵に渡しているのを目撃した。

サウジアラビアからは、合法、非合法にかかわらず各国のイスラム組織へ民間からの多額の寄付も行われている。タリバンは、莫大な寄付を受けたとみられている。

サウジアラビアは、九八年八月に起きたアフリカの米国大使館爆破同時テロと米国による報復ミサイル攻撃のあと、米国の圧力でタリバンとの外交関係を凍結し、支援を停止した。また前年の九七年には、イランに登場した改革派大統領ハタミが、周辺諸国との善隣友好に乗り出し、サウジアラビアとの関係は劇的に改善していた。だが、それまでは、イラン対パキスタン・サウジアラビア連合が、アフガニスタンで、米ソと交代して、代理戦争を戦っていたのである。

麻薬

長い内戦で、都市部のかなりの部分が瓦礫と化した。運輸、通信など商業の基本となるインフラも破壊され、工業は消滅した。国民の八五％を占める農民の多くも戦乱に直接巻き込まれ、農業生産も停滞した。食料不足は深刻で、国連食糧農業機関（ＦＡＯ）によると、一九九八年六月から九九年七月までの一年間で、推計穀物七四万トンの輸入が必要だった。このうち小麦一四万トンを国際援助団体が支援した。

国民のほとんどは、一日一ドル程度の収入の世界最貧国の生活に陥ったが、その一方で、パキスタン経由の密輸で稼ぐ商人もいた。内陸国アフガニスタンは、内戦以前から、パキスタンと「アフガン通過貿易（ＡＴＴ）」協定を結び、パキスタンでの輸入税免除で物資を輸入していた。この協定のせいで、昔からアフガニスタンには、パキスタンやインドより輸入品が豊富に、しかも安く出回っていた。アフガニスタンからの密輸は、これを悪用したもので、いったんアフガニスタンに入った輸入品を、パキスタンに密輸するのだ。このため、電気も電話もないアフガニスタンでは使い物にならないパソコンまで輸入される。

無法地帯となったアフガニスタンで、農民たちは、ヘロインやモルヒネの原料となるケシ栽培に現金収入を頼るようになった。国連薬物統制計画（ＵＮＤＣＰ）の現地調査によると、一九九四年のケシ栽培面積は、七万一四七〇ヘクタールに達していた。ちなみに、日本の北海道のジャガイモ栽培面積は五万九一〇〇ヘクタール（二〇〇〇年）である。ケシから抽出される生アヘンは、一ヘクタール当たり二〇～三〇キロの収穫があり、一キロ当たりの価格は、毎年の相場で大きく変わるが、数十ドルである。

ヨーロッパに出回る最終製品の八〇％は、アフガニスタンが原産地と推定されている。アフガニスタン経済の基本である農業を破壊し、ヨーロッパや米国の街を汚染するケシの増産は内戦のたまものである。

タリバンは九四年に勢力拡大を開始し、ケシ栽培撲滅を宣言した。確かに、九五年には栽培面積が五万三七五九ヘクタールに激減したが、その後次第に回復し、九九年には、九四年レベルをはるかに越える九万九八三ヘクタールに達した。

だが、タリバンはビンラーディン問題で国際的孤立化を深めていた二〇〇〇年七月、ケシ栽培の全面禁止を布告した。国連はタリバンにケシ栽培停止を強く働きかけていた。その成果だとすれば、タリバンの国際社会への融和的姿勢ととれる。だが、それから七か月後のバーミヤン石仏破壊でみせた狂信性は、タリバンには決して融和的思考がないことを示した。ケシ栽培禁止は、むしろ、国際社会への憎悪を深めつつ、タリバンが組織としての純粋性を追い求めた結果かもしれない。禁止の理由はともかく、その結果は劇的だった。ケシの種まきは一〇月に行われ、収穫は春だが、二〇〇一年五月のＵＮＤＣＰ調査結果では、栽培面積は、わずか七六〇六ヘクタールに減少していた。タリバン支配圏で最大の産地だった南部ヘルマンド州では前年（二〇〇〇年）の栽培地四万二八五三ヘクタールが、完全に消滅していた。

タリバンの禁止令は大きな効果を上げたが、その一方、北部同盟が支配する北東部バダクシャン州では、前年の二四五八ヘクタールが六三四二ヘクタールに急増した。タリバンの厳しい罰則を逃れて栽培場所が移動したのである。

アフガニスタンでは、和平と法の支配が確立されないかぎりは、麻薬生産は一時的に減少しても、決して壊滅はされないだろう。

家を捨てた人々

内戦を逃れアフガニスタンを離れた難民は二〇〇一年現在で約三五〇万人に達し、パキスタンに二〇〇万人、イランに一五〇万人が滞在している。そればかりでなく、戦乱を避けると同時に、生活手段を求めて国内を彷徨っている多くの人々もいる。国際機関が「国内難民」と呼ぶ、こうした人々は、二〇〇一年九月時点で一〇〇万人と国連は推計した。

アフガニスタンの農業生産は、ソ連軍が侵攻した一九七九年と比較すると五〇％に落ち込んだとされる。戦争の影響で、従来の農地や牧草地が三〇％放棄され、生活手段を失った農民たちは樹木を伐採して売るようになった。それによって森林が失われ、洪水や土砂崩れが多発し、自然環境も破壊された。もちろん、戦火の直接的影響もあり、森林や農地が焼かれ、一万の村が破壊されたと推定されている。二〇〇〇年は降水量が少なく、三〇年ぶりとされる干魃も影響を与えた。

国内難民が生まれる要因は様々だ。国連や米国政府の資料統計によると、一九九二年から九三年にかけては、カブールからマザリシャリフ、ジャララバードへ四〇万人が逃げ、国内難民となった。共産政権がムジャヒディン勢力に倒され、前政権に関わった人々が報復を恐れて首都を脱出したためだ。この時期、同時に周辺地域からカブールに二〇万人が流れ込んだが、これは戦闘から逃れた人々だった。

九五年にタリバンが南部で支配を広げた時期には、その勢力圏から一八万人がカブール、北部地方へ移動し、九七年に、タリバンが北部攻勢を仕掛け、カブール近郊でも戦闘が激化したときには、カブールとマザリシャリフの市内へ六〇万人が逃げ込んだ。

二〇〇〇年からの干魃では、家族ぐるみ、村ぐるみで生活を求めて、都市部や国連支援キャンプへ多数が向かった。

生活手段を持たない貧者の群れである。アフガン人の平均寿命は四〇歳、五歳以下の幼児の死亡率は二五・七％に達し、非識字率は六四％である。全人口の七〇％が栄養不足で、きれいな飲料水を飲めるのは、わずか一三％でしかない。

地雷原

こうした人々が、ソ連軍侵攻から、その後の内戦に至る時期に広がった地雷原をさまよっている。アフガニスタンは、地雷や不発弾に世界で最も汚染された国である。国連のアフガニスタン地雷行動計画（ＭＡＰＡ）調査によると、二〇〇〇年には、毎月平均八八人が犠牲になった。それでも減少していた。九九年には、毎日五〜一〇人、九三年には、毎日二〇〜二四人が犠牲になっていたのだ。アフガニスタンの地雷は、ソ連軍侵攻時代に、主としてソ連軍、共産政権軍によって埋められたが、ソ連軍撤退後も、対立するアフガン勢力によって埋められた。ＭＡＰＡは九〇年からアフガニスタンの地雷調査と除去作業を始めたが、二〇〇一年現在でも、のべ七億二四〇〇万平方メートルの地雷原が確認され、毎年一二〇〇万から一四〇〇万平方メートルが新たに確認されてきた。地雷の総数は確認のしようがないが、全土で一〇〇〇万個と推測されている。

アフガニスタンでは、子どもたちも内戦に直接関わっている。それも戦闘員としてである。この国の子どもたちは、長く親の保護下にいる日本の子どもたちと比べると、はるかに早熟で二〇歳前に自分からゲリラに加わることは珍しくはない。だが、アフガニスタンでは、戦力確保のために、まだ分別もつかない幼い少年までが、戦場に駆り立てられている。まともな教育を受けることはなくても、銃の扱い、人の殺し方を学ぶ。彼らの心は、いびつに歪まざるをえないだろう。

国連は、一八歳未満の兵士を「チャイルド・ソルジャー」と規定し、二〇〇一年時点で、世界の約三〇の紛争地での総数は三〇万人と推計した。一九九八年に、「人権ウオッチ」、「アムネスティ・インターナショナル」などの国際ＮＧＯが「子ども兵士の従軍禁止を求める連合」を結成し、その報告書は、世界で最も子ども兵士の多い国のひとつとしてアフガニスタンを上げた。

国連は一九八九年に「子どもの権利条約」を採択し、一五歳未満の徴兵を禁止した。アフガニスタンは九四年に、この条約を批准したが、タリバン政権はこれを破棄した。

人権団体は子ども兵士の存在をタリバン、北部同盟の双方で確認しているが、とくに、タリバンの組織的な子ども兵士動員が目立った。

タリバン最高指導者オマルは九八年に、イギリスのＢＢＣ放送のインタビューで「あごひげが伸びきっていない者を兵士にしてはいけないという掟がある。それを破った者は厳罰に処す」と語った。だが、九九年に国連児童基金（ユニセフ）は、タリバンが五〇〇〇人の兵力増強のために、神学校の一四歳以下の少年を大量動員していることを確認し、タリバンに警告を与えた。

内戦は、将来を担う子どもたちにも暗い影を落とした。アフガニスタンは、美しい手織りのじゅうたんで知られている。この国に生息する動物や自然の光景が伝統的パターンで織り込まれている。じゅうたんを織るのは、主として女性や子どもたちである。長い内戦の間に、このパターンに変化が生まれた。カラシニコフ小銃や戦車、ヘリコプターが新しいパターンとして出てきたのだ。彼らの生活の悲しさをそこに見ることができる。

戦争の影響は、あまりに大きい。この国に真の平和を実現しようとすれば、誰でも、どこから手をつけるべきか、呆然とするだろう。

アフガニスタンの子どもたち
（提供：日本・アフガニスタン協会）

Ⅷ章　アメリカがやって来た

写真提供：共同通信社

ニューヨーク・テロ——新しい戦争がはじまった

一九七八年に共産主義政権が生まれて以来続いた内戦で、人の心も国土も荒廃した。タリバンは全土の九〇%を支配したとはいえ、北部同盟も北東部を拠点に反攻の機会を窺い、戦闘が静まることはなかった。タリバンの狂信的な支配、干魃による食料不足。アフガニスタンでの人々の生活は、底なしの暗い谷底へ落下していくかのように、明るい未来への脱出口が見えなかった。二三歳以下の若者は、戦争の中で生まれ育ち、平和というものを実感したことがない。彼らにとっては、戦争こそが通常の生活となっていた。

この生活を根本的に変えようとする大事件が、貧しいアフガン人が知る由もない別世界で起きた。

米国ニューヨークにそびえ立つツイン・タワー、世界貿易センターは、米国の繁栄を象徴するモニュメントである。一九七三年に完成し、北棟の高さは四一七メートル、南棟は四一五メートル、それぞれ一一〇階で、五万人の人々が働いていた。世界経済のグローバル化を主導する米国資本主義の本拠のひとつでもあった。

二〇〇一年九月一一日午前八時四五分(米国東部時間)、ボストン発ロサンゼルス行きのアメリカン航空一一便のボーイング767機が、北棟の上層階に激突した。続いて一八分後の九時三分には、同じくボストン発ロサンゼルス行きのユナイテッド航空175便の同型機が南棟に激突した。飛行機に満載されていた燃料の爆発でビルの内部は摂氏一〇〇〇度以上に達し、巨大な構造物を支える鋼鉄を溶かし、九時五〇分には南棟が、一〇時二九分には北棟が、一気に倒壊した。ビルの中にいた人々など数千人が瓦礫に埋まった。

連邦航空局は九時四〇分、米国史上初めて、国内の全フライトの停止を命じたが、すでに手遅れで、午前九時四三分、ワシントンのダレス国際空港から飛び立ったロサンゼルス行きアメリカン航空77便のボーイング757機が国防総省建物の北西部に突っ込み、一二五人が犠牲となった。さらに、午前一〇時には、ニューヨーク発サンフランシスコ行きユナイテッド航空93便のボーイング757機がペンシルバニア州ピッツバーグ付近に墜落した。

四機は、いずれも離陸後ハイジャックされ、墜落した一機は、米国大統領府ホワイトハウスを目指したとみられる。米連邦捜査局（FBI）は、犯人は全員で一九人、内訳は、サウジアラビア国籍一五人、アラブ首長国連邦国籍二人、エジプト、レバノン国籍各一人と確定した。犯人たちは、従来のハイジャックと異なり、なんらの要求も出さず、旅客機を制圧すると有無を言わせず目標に突入させた。航空機を使用した初の自爆テロであった。

米国の政治と経済の中枢部が史上初めて軍事攻撃を受けたのである。米国大統領ジョージ・W・ブッシュは、その日のうちに、「テロに対する戦争を勝ち抜く」と決意表明を発表し、一三日には

「米国は戦争状態にある」と表明した。「二〇〇一年九月一一日」は、米国民ばかりでなく、世界中を震撼させた日として、歴史にくっきりと刻み込まれるだろう。

この衝撃的な大殺戮を実行したのは誰か。疑われた人物は、地球の反対側のアフガニスタンに潜むウサマ・ビンラーディン以外にありえなかった。これほどの大規模なテロを実行できる組織と資金力を持っているのは、ビンラーディンとアル・カーイダを除けば想像できなかったからだ。米国の司法当局は事件直後からビンラーディンが首謀者との認識を示し、一五日には、ブッシュ自ら、ビンラーディンを主要な容疑者と明言した。そして、米国のアフガニスタンへの報復攻撃がにわかに現実味を帯びた。

米国の対応は素速かった。ブッシュは、九月一九日、テロ勢力殲滅を目指す米軍の「無限の正義作戦」を始動させ、戦闘部隊の派遣命令を出した。そして二〇日、上下両院の合同会議で、ブッシュは「新しい戦争」を宣言した。

ブッシュは、その演説の中で、犯人は、タンザニアとケニアの米大使館爆破事件を起こしたアル・カーイダであると断定した。そして、「アル・カーイダの指導者はウサマ・ビンラーディンであり、世界六〇か国以上から数千人のテロリストを集めて訓練し、世界に送り出し、キリスト教徒、ユダヤ教徒、すべての米国人を殺害するよう命じている」と、ビンラーディンを首謀者として名指しした。さらに、「アル・カーイダはアフガニスタンを実行支配するタリバンに大きな影響力を持ち、そのタリバンは自国民を抑圧しているばかりでなく、テロリストに資金や隠れ家、武器を提供し、世界を脅かしている」と、タリバンをも、テロの共犯者と断じた。

こうした前提に立ち、ブッシュはタリバンに対し、ビンラーディンの米国当局への引き渡し、テロリスト訓練キャンプの閉鎖、活動停止を確認するための米国による立ち入り調査を要求した。この要求には交渉の余地はないとし、「応じなければ、タリバンはテロリストと運命を共にする」と、タリバンに事実上の宣戦布告をした。

この宣言によって、米国は当面の目標として、ビンラーディンの身柄確保とタリバン政権打倒を明確に打ち出した。だが、それだけで、世界秩序を脅かすテロを根絶することはできない。「新しい戦争」の開始を同時に、宣言した。

「持てる力のすべて、外交上のあらゆる措置、情報機関によるあらゆる手段、警察のあらゆる方策、金融面でのあらゆる影響力を行使し、あらゆる必要な兵器を差し向け、地球規模のテロ・ネットワークを分断し、打ち負かすのだ」

「米国民は、これまですべての戦争と異なる、長い戦争を覚悟しなければならない。劇的な戦闘もあろうが、隠密作戦もあるだろう。テロリストの資金を裁ち切り、居場所がなくなるまで追求を続ける」

「テロリストを援助し、隠れ家を提供する国も追求する。すべての国は、我々の味方になるのか、テロリストの側につくのか、どちらかを選択すべきだ」

「これは、米国だけでなく、世界の戦い、文明の戦いだ。すべての国に共闘を求める」

テロリストとアフガニスタンのタリバン政権に対する国際的包囲網は急速に形成された。一二日には、国連安全保障理事会が全会一致でテロ非難決議を採択し、米国が加わる北大西洋条約機構（ＮＡＴＯ）は、テロ攻撃に対して集団的自衛権を行使することで合意した。日本も、海外での軍事行動には憲法上の制約があるが、報復攻撃へのなんらかの協力を検討し始めた。タリバンを支援してきたパキスタンは複雑な立場にあったが、米国の圧力と経済支援の約束で、大統領ペルベズ・ムシャラフが一六日、米国がアフガニスタンで軍事行動を起こす際には国内の軍事施設の使用を認めると表明した。またアフガニスタンと北側で接する中央アジアでは、米国とかねてから軍事協力をしていたウズベキスタンが基地を提供し、タジキスタンも基地使用を受け入れた。

さらに、ロシアはチェチェン共和国の激しい武装独立運動を抱え、その弾圧を国際的に認知させるチャンスとみて、米国主導の対テロ戦争への支援を表明した。チェチェン独立運動もテロとみなそうという政治的思惑である。新疆ウイグル自治区で同様の問題を抱える中国も同様の理由で対テロ戦線に加わった。タリバン政権を承認していた三か国のうち、アラブ首長国連邦は九月二二日に、サウジアラビアは二五日に、それぞれ断交した。

ビンラーディンの身柄引き渡しの拒否

こうして、地球規模の対テロ統一戦線が完成し、アフガニスタンは世界から完全に孤立した。

こうした世界情勢の急転回にもかかわらず、タリバンは、頑固な対応しか示さなかった。テロ事件後の九月一四日、最高指導者オマルは、ビンラーディンの事件への関与を否定する声明を発表し、一五日には、「米軍のアフガニスタン攻撃に協力する周辺国に報復することもありうる」とする強気の警告を発した。また、一六日には、外相アブドゥル・ワキル・ムタワキルが「ビンラーディンに関する政策に変更はない」と述べ、タリバンが保護していく方針を示した。

タリバンを支援してきたパキスタンは一八日、米軍攻撃を回避するため、アフガニスタン工作を担当している軍統合情報部（ＩＳＩ）を中心とする政府代表団を派遣し、ビンラーディンを引き渡すよう説得にあたった。これに対し、タリバン側は、引き渡しの条件として、ビンラーディンを中立的なイスラム国で裁判にかけることを上げたほか、国連がタリバン政権に課している経済制裁の解除、国内の反タリバン勢力北部同盟への外国からの軍事援助停止、アフガニスタン復興への経済援助などを提示した。米国は、ビンラーディンの身柄引き渡しについては、交渉の余地はないとしており、その他のタリバンの条件は、いわばタリバンの存在そのものを現状のまま、国際的に認知しろという主張であり、国際社会には到底受け入れられるものではなかった。このため、交渉は決裂し、パキスタンはタリバンの説得を放棄した。

だが、タリバンも決して動じていなかったわけではない。圧倒的な軍事力を持つ米国の攻撃をなんとか回避しようとするタリバンなりの対応を模索した。

最高指導者オマルによって、タリバンの最高意思を諮問するシューラと呼ばれる評議会が一九日、首都カブールで開かれた。米国の脅威がせまる中で、ビンラーディンの身柄をどうするかを討議するために緊急招集されたのだ。シューラには、タリバンが支配する全土の九〇％の地域から、イスラム法学者、部族指導者など一〇〇〇人が出席した。

オマルはこの会議に出席しなかったが、彼の声明が読み上げられた。

「わが国は、イスラム教が理想とする真の体制である。イスラム教とわが国に敵対する体制は、様々な口実をつけて我々を滅ぼそうとしている。ウサマ・ビンラーディンをニューヨークとワシントンへの攻撃の主犯とみなすこともそうした口実のひとつだ。我々は米国との間に問題を起こそうとしたことは一度もない。米国とさらに対話を続ける用意もある。米国が我々の言葉に耳を貸さず、武力行使を示唆するのは不幸なことだ。我々は、米国に、忍耐と真犯人をみつけるための調査を求める。それでも米国が我々を攻撃するつもりならば、イスラム法学者たちに、イスラム法に基づいた決断を求める」

この声明が示しているものは、米国同時テロとビンラーディンの関わりの否定と、米国が攻撃した場合には徹底抗戦するという決意である。

評議会は、オマルの声明を基礎に、それを補強する形で議論が進められ、二〇日、ビンラーディンの身柄引き渡しには反対するとの立場でまとまった。タリバンは、ビンラーディンは客人だとの立場をとってきた。おそらく、それはその通りだったろう。そして、客人を保護することは、タリバンを構成するパシュトゥン人の伝統の掟である。パシュトゥン人の掟であるパシュトゥン・ワりは、客人の保護を絶対的価値とみなしている。タリバンの思想は、イスラム原理主義というより、パシュトゥン伝統社会の生活規範を色濃く反映している。その掟に反することは、恥であり、名誉の喪失である。客人であるビンラーディンを敵に引き渡すことは、まさに、その掟に反することであり、決して許されることではない。したがって、ビンラーディンの身柄引き渡しを認めるという決定は絶対にありえなかった。

シューラの結論は、パシュトゥン・ワリと米国の軍事的脅威の中での妥協の産物でもあった。

「米国でのテロ事件に怒りと悲しみを表明する。米国がアフガニスタンを攻撃せず、最大限の調査を行うことを望む」

「国連とイスラム諸国会議機構（ＯＩＣ）による独自調査を求める」

「シューラは、ビンラーディン氏が適当な時機にアフガニスタンを自発的に去り、自ら選ぶ場所へ行くように、（タリバン政府）が説得することを勧告する」

「異教徒がイスラムの地を攻撃した場合、その地のイスラム教徒は、ジハード（聖戦）遂行の義務を負う」

「自力で防衛できない場合、ジハードは全イスラム教徒の義務となる」

「米国が攻撃したとき、アフガン人であろうとなかろうと、異教徒と協力するイスラム教徒は、共犯者であり、スパイとなる」

米国への恐怖と自らの誇りが交錯した内容である。伝統の名誉を維持するには身柄引き渡しはできない。自発的に去ることを求めたところに、その苦渋が読み取れる。その一方、この決定内容は、米国の軍事行動開始に対する時間稼ぎでもあったろう。ビンラーディンはタリバン指導部に深く浸透していたからだ。

米国はこの決定が伝わると、即座に「米国の要求を満たすものではない」と一蹴した。そして、米国防長官ラムズフェルドは同じ日、米陸軍部隊に対しアフガニスタン周辺への展開命令を出したことを明らかにした。翌二一日、タリバン政権の海外でのスポークスマン役を務めていた駐パキスタン大使ザイフが、イスラマバードでの記者会見で、ビンラーディンの身柄引き渡しを拒否すると正式に表明した。

この時点で、米国はすでに、特殊部隊をアフガニスタン周辺国へ派遣し、軍事行動開始の準備を着々と進めていた。米国に全面協力しようとするイギリスも臨戦態勢に入ろうとしていた。タリバンのビンラーディン身柄引き渡し拒否で、米国と米国を支援する各国のアフガニスタン軍事侵攻作戦の開始は、時間の問題となった。

同時テロの影響は、世界中の様々な分野に広がっていた。ニューヨーク株式市場は九月一〇日のダウ平均株価が九六〇五ドルだったが、テロ発生の九月一一日から閉鎖され、再開した一七日には、八九〇三ドルに急落し、二一日には八〇六二ドルにまで落ち込んだ。航空機テロへの恐怖で、人々は旅行を控え、航空会社、ホテル、旅行会社など観光産業は、米国ばかりでなく世界中で減収を余儀なくされた。低迷する世界経済は、テロの悪影響で先行きがさらに不透明な状況になり、拡大してきたグローバル化にも影を投げかけた。世界を覆う、こうした重苦しい雰囲気を払拭するためにも、対テロ戦争は成功しなければならなくなった。

対テロ戦争とイスラム諸国

だが、対テロ戦争を戦うための国際連帯に対し、イスラム世界の諸国は多かれ少なかれ距離を置いていた。

第一には、一九九一年に多国籍軍がイラクを攻撃した湾岸戦争と同様、イスラム世界の問題に再び、十字軍のごとくキリスト教徒が介入してくることへの漠然とした不満があった。もちろん、ビンラーディンの過激なテロは、中東などのイスラム世界でも一般的には支持されていない。またタリバンの教義は、本来のイスラムの教えとは見なさず、人権抑圧体制と批判していた。だが、イラクのサダム・フセイン体制とイスラム同胞のイラク国民を区別し、同情したように、タリバンは別にして戦火の犠牲になる可能性のあるアフガニスタン国民に同情した。

第二に、米国大統領ブッシュの姿勢に対する反感だ。ブッシュは、米国の側につくか、テロリストの側につくかの二者択一をせまった。イスラム世界、とくに中東では、「それでは、テロリストとは何か」という疑問が直ちに投げかけられた。パレスチナの地を占領し、パレスチナ人を組織的に殺害するイスラエルは国家テロだとする共通認識があるからだ。前年の二〇〇〇年九月から、イスラエルとパレスチナの対立は、中東和平交渉の枠組みが崩壊する寸前にまで深まり、パレスチナ人の自爆攻撃、イスラエルの報復という連鎖が続いていた。

第三に、世界を支配する米国そのものに対する反感がある。イスラム世界の大衆の中にも、マクドナルドのハンバーガーやコカ・コーラは生活の一部として入り込んでいる。リーバイスのジーンズは若者のファッションである。アメリカ文化は違和感なく受け入れられているが、覇権によって彼らの住む世界に秩序を作ろうとする米国に対する反感は、草の根レベルばかりでなく、政治指導者、インテリ、ジャーナリズムにも強い。とくに、秩序を重視するがための米国の二重基準は、常に批判の的であった。二重基準とは、例えば、米国は民主主義、人権の重要性を主張し、他国に押し付ける一方、地域秩序維持、安全保障の観点から重要とする国には、専制的独裁国家であろうと支援を与えるという政策である。中東では、サウジアラビア、エジプトが典型的な国である。こうした国では、政府に対する過激な闘争が生まれがちであり、米国同時テロの実行犯一九人のうち、皮肉にも、サウジアラビア国籍が一五人も占め、アル・カーイダは、この両国の組織が主体となっていた。

また、イランは、一九九七年に登場したハタミ政権による民主化促進、周辺諸国との共存政策で米国との関係を改善する方向に向かった。米国もそれを歓迎し、ハタミ政権の民主化を支持した。だが、このことは、イランの安全保障と直接関わるペルシャ湾やアフガニスタン、中央アジアなどの周辺地域における米国の存在を認知したことを意味しない。

パキスタンでは、タリバンと近い関係にあるイスラム組織による反米、反政府デモが拡大し、こうした勢力と関係している軍内の一部によるクーデターの可能性が内外から指摘された。アフガニスタン情勢の変化から直接的影響を受けるパキスタンは、米国の軍事作戦を支援する立場を取ったことで、戦略的転換という政治的賭けに出た。

イスラム世界は結局、テロリストの行為を批判し、米国の報復攻撃を支持はしたが、中央アジア諸国、親米国のヨルダン、トルコ、米国支援で多大な経済的利益を約束されたパキスタンなど一部の国々を除けば、静観する立場をとった。

ビンラーディンは、イスラム世界が確固たる対応をしきれない危うい状況を見ていた。中東カタールの衛星テレビ局「アル・ジャジーラ」は九月二四日、ビンラーディンから送られてきた声明を報じた。この声明は、パキスタンのイスラム教徒に宛てるという形式で、「パキスタンとアフガニスタンを侵略しようとする米国の十字軍を全力で阻止すべきだ」として、「ジハード」を呼びかけた。

これは、ビンラーディンによる明かな情報戦争の開始であった。このテレビ局は、一九九六年の開設以来、中東世界では例外的に政府の統制を受けず、自由な報道を続け、中東で最も信頼され、人気のある放送となっていた。それだけに、中東の世論への強い影響力を持っていた。ビンラーディンはそれを利用した。しかも声明には、イスラム教徒の宗教心を刺激する言葉がちりばめられていた。そればかりでなく、世界中が関心を持っている人物と直接の接触を持つアル・ジャジーラは、世界で最も注目を集めるメディアとなった。アル・ジャジーラを通したビンラーディンの声明はその後も流され、ついには米国政府も対応をせまられ、米国メディアにアル・ジャジーラの引用を控えるよう要望を出した。自由の国・米国で検閲一歩手前の措置を取ったのである。ビンラーディンの戦略能力の高さは十分に証明された。

米国がアフガニスタンで軍事行動を開始する前夜の状況は、こうして形成されていった。

米国大統領ブッシュは一〇月一日、アフガニスタンでの軍事作戦の準備が完了したと表明した。この作戦には、米国に全面協力するイギリスの軍も参加することになった。

アフガン空爆

米軍は、パキスタン沖合のアラビア海に、空母エンタープライズ、ペルシャ湾には空母カール・ビンソンを配置し、両艦の艦載機合計一五〇機には、夜間の精密な対地攻撃能力を持つF－A18戦闘攻撃機、F14戦闘機などが含まれた。空母戦闘群の駆逐艦などには、水上発射巡航ミサイル「トマホーク」が九〇〇基搭載された。トマホークは射程距離一六〇〇キロ以上で、攻撃目標の数メートル以内に命中する精度を持つ。

インド洋のディエゴガルシア島、トルコのインジルリク空軍基地、ペルシャ湾のバーレーンなどでは、B52、ステルス爆撃機が空爆のために待機した。動員された艦船は二四隻、軍用機は三〇〇機以上に達した。

兵員は、空母戦闘群の二万九〇〇〇人、上陸作戦部隊二一〇〇人のほか、陸軍デルタフォース、海軍特殊部隊、第82空挺師団、第101空襲師団などが参加し、ウズベキスタン、パキスタンなどに待機した。米国内では、予備役一万七〇〇〇人も召集された。

英軍は、シーハリアー戦闘機など一五機を艦載した軽空母イラストリアスなど艦船二四隻、軍用機五〇機以上、特殊空挺部隊（SAS）の七五〇人など兵員二万三〇〇〇人を作戦に参加させた。

これを迎え撃つタリバンの兵力は、約四万五〇〇〇人と推計され、精鋭部隊のアル・カーイダ部隊は数千人規模とみられていた。軍備は、装甲車六五〇両、地対地ミサイル三〇基、ソ連製のミグ戦闘機二〇数機、ヘリコプター二八機、この他に、通称カチューシャと呼ばれる多連装ロケット弾発射装置、スカッド地対空ミサイル、携帯用スティンガー対空ミサイル、対空砲、榴弾砲、迫撃砲などを所持している。だが、どう見ても、米国とイギリスのハイテクを駆使した大量の近代兵器の敵ではなかった。勝たないまでも、山岳部を利用した持久ゲリラ戦が抵抗を持続する唯一の手段であった。

一〇月七日深夜、首都カブールは突然、激しい爆発音に包まれた。軍の建物、司令基地、対空砲を備えた防空施設、レーダー、通信施設、空港などで次々と火の手が上がった。市内は停電し、真っ暗な空へ向け光線を描く対空砲の連射だけが輝いた。米軍によるアフガニスタン攻撃の開始である。タリバンの対空防衛能力を殲滅するための大規模空爆は、湾岸戦争でイラクを攻撃したときと同じ作戦である。

最初の空爆は、カブールばかりでなく、ジャララバード、カンダハール、ヘラート、マザリシャリフなど、すべての主要都市に加えられた。この攻撃には、アラビア海上の空母エンタープライズの艦載機、米国本土から直行したB2ステルス爆撃機、ディエゴガルシア基地からのB1爆撃機などが参加し、巡航ミサイル「トマホーク」も使用された。

空爆はその後も連日続き、一〇月一一日には、戦闘機、ミサイルを投入した最も激しい攻撃を行い、制空権をほぼ押さえた。

一〇月二〇日未明、米軍はついに初の地上戦を開始した。ソ連軍はアフガニスタンで大量の正規軍を投入して、ゲリラの罠にはまって失敗した。米軍は地上戦とはいえ、あくまでも少人数の特殊部隊による奇襲攻撃に限定し、最大の効果を上げることに目標を絞った。

空爆でタリバンは指導部と地方をつなぐ通信網を遮断され、各地の部隊は孤立状態となっていた。空爆は、制空権を押さえると共に、奇襲攻撃を可能にするための通信網遮断が、目的のひとつであった。アラビア海の空母キティホークからヘリコプターなどで出動した陸軍レンジャー部隊を含む特殊部隊員約一〇〇人は、南部カンダハール近くに落下傘降下し、孤立したタリバン、アル・カーイダ部隊を個別攻撃したほか、カンダハール近郊の空港も攻撃し、数時間後、待機していたヘリコプターでアフガニスタン国外へ退去した。典型的な短時間のヒットエンドラン作戦であった。

北部同盟への支援と抑制

その一方、米英軍は、北東部バダクシャン州に追いやられていた反タリバンの北部同盟への支援、協力も進めた。地上作戦の遂行は、少数精鋭の英米軍だけでは不可能であり、北部同盟の兵力を欠くことはできなかった。また、攻撃目標などを設定するうえでの情報を得るうえでも、北部同盟との連携が欠かせなかった。北部同盟の支配地域は、全土の一〇%に過ぎなかったが、一〇月七日の空爆開始前後から勢いをつけ、カブールへ向かって次第に南下を始めていた。またマザリシャリフ方面への圧力も強めた。北部同盟の地域には、グリーンベレーが潜入し、連携工作を進め、その進撃方向のタリバン、アル・カーイダ部隊に対しては、爆撃機、戦闘機などによる空爆を加えて支援した。この協力体制によって、北部同盟は、北部、中央高地、西部で支配地域をめざましい勢いで拡大していった。空爆は明らかにタリバンの戦闘能力を大幅に落ち込ませていた。

一〇月二〇日ごろまでに、北部同盟はカブール攻略をうかがう地点まで進み、マザリシャリフ奪取は時間の問題という情勢になっていた。アフガニスタンでの軍事作戦は、このころから、タリバン政権崩壊後の新政府樹立を視野に入れた政治的動向とも複雑にからまってきた。

一九九二年四月、ムジャヒディン勢力は共産政権を倒し、新政権作りを開始したが、たちまちのうちに、各勢力間の主導権争いで新たな内戦に突入した。この勢力間対立の図式は、九四年一一月にタリバンが拡大を開始し、新しい要素として加わるまで続いた。勢力争いの根本原因は、ラバニ、マスードらイスラム協会のタジク人勢力が中心になって、首都カブールを最初に掌握して政権の主導権を握り、多数民族のパシュトゥン人の参画が立ち遅れたところにある。当時、パシュトゥン人の中で最大勢力だったイスラム党ヘクマティヤル派は、主導権を奪還しようとして首都に砲撃を加え、分裂と混迷は深まるばかりだった。

一九二九年にタジク人の山賊「バッチャ・イ・サカオ」が当時の混乱の中で、政権を取ったときも、パシュトゥン人との衝突が起きた。ラバニ、マスードと山賊の頭領を同列には論じられないが、アフガニスタンでは、多数民族パシュトゥン人を排除した政治の安定はありえない。

一〇月の空爆開始以来、勢いを増してきた北部同盟が先頭になって首都に入城すれば、九二年と同じ繰り返しである。タリバン政権打倒後に、民族間の調和がとれた安定政権を作るには、北部同盟を抑制し、首都を中立化するのが望ましかった。

米英軍と北部同盟はタリバンを倒すという点では一致するが、米国、イギリス、そして軍事作戦を支援する国際社会は、アフガニスタンに安定をもたらす政治プロセスを円滑に進めるために、北部同盟の突出を抑制しようとした。だが、いったん勢いのついた北部同盟の攻勢を押さえることは難しかった。しかも北部同盟は決して一枚岩ではない。

イスラム協会は、パシュトゥン人も少数含まれているが、あくまでもタジク人主体である。米国の同時テロ発生直前の九月八日、軍事的天才の司令官マスードは、ジャーナリストを装った二人がテレビ・カメラに仕掛けた爆弾で暗殺された。おそらくアル・カーイダの仕業とみられる。マスードの死後、北部同盟の国防大臣として後を継いだモハマド・ファヒムが軍事面を指揮していた。ファヒムとともに、外務大臣アブドゥラ・アブドゥラ、内務大臣ユヌス・カヌニの三人が、新世代の指導者として北部同盟を牽引していた。

だが、同じイスラム協会に属す実力者イスマイル・ハーンは、中枢部と距離を置き、タリバンに奪われるまで州知事をしていた西部ヘラートの支配再確立を狙っていた。

ウズベク人軍閥ラシド・ドスタムは、おそらく将来の安定とか平和には、まったく関心がなく、マザリシャリフに自分の王国を作ることだけに腐心していた。

シーア派ハザラ人たちは、北部同盟の中で、人種的にも宗教的にも異質で、彼らのイスラム統一党は浮いた存在だった。最高指導者のカリム・ハリリは、ハザラ人が多く居住する中央高地ハザラジャート一帯の安定支配を目指そうとしていた。

タリバンが劣勢になるにつれ、各勢力は統制のないまま支配地域を広げる気配となってきた。

一一月九日、北部同盟はマザリシャリフに攻勢をかけ、激しい戦闘の末、九八年三月以来タリバンに制圧されていた北部の主要都市の奪還に成功した。空爆開始後初めての北部同盟の戦果である。北部同盟で主体になった勢力はドスタム一派だった。この戦闘で、タリバン側は、五〇〇人が死亡し、五〇〇人が捕虜になったほか、一〇〇〇人が北部同盟側へ寝返った。また、アル・カーイダの外国人を含む八〇〇〇人の兵士が敗走し、タジキスタン国境に近いクンドゥーズへ向かった。クンドゥーズはヒンズークシ山脈の北側でパシュトゥン人が最も多い町である。一九世紀ごろからのアフガニスタンのパシュトゥン化政策で、多くのパシュトゥン人が移住した名残である。同じパシュトゥン人のタリバンがマザリシャリフを去って向かうところは、クンドゥーズしかなかった。彼らは、クンドゥーズで籠城戦に入ったが、最後には降伏した。

ドスタムが再び支配権を握ったマザリシャリフでは、血生臭い混乱も起き、かなりの数のタリバン派とみられる住民が裁判なしで処刑された。また食料などの略奪も横行し、北部同盟の制圧後しばらくは治安が乱れ、国連などの援助機関が入り込めない状態が続いた。軍事的成果の一方、法の無視、略奪というアフガニスタンの旧弊が早くも顔を出したのである。

一方、首都カブール北方には、イスラム協会を主体とする北部同盟の兵士と戦車が続々と集結し、総攻撃の態勢を整えていた。米国は北部同盟の攻勢をカブール包囲だけに留まらせようとしていたが、マザリシャリフ奪還から四日後の一三日未明、北部同盟はついに首都へ向かって動き出した。アフガニスタン情勢の変化は、米英軍主導の軍事作戦で始まったが、その思惑を離れ、アフガン人たちが自分たちが当然持つべき主導権を取り戻そうとするかのような行動だった。

タリバン崩壊

首都は、あっさりと陥落した。一万五〇〇〇人と目されていたタリバン兵は、前夜までに一斉にカブールを脱し、カンダハール、ジャララバードあるいは南東部の山岳地帯へ移動していた。無血入城であった。

カブール制圧と相前後して、タリバンの本拠地であるカンダハールを除くほとんどの主要都市は、北部同盟の手に落ちた。ヘラートには、イスマイル・ハーンが戻っていた。こうして、カブールは九六年九月以来、五年ぶりにタリバンから解放され、タリバン政権は崩壊した。タリバンはその後、本来の拠点であったカンダハールに集結したが、米英軍の空爆開始後に勢いをつけてきた南部のパシュトゥン勢力との交渉で、一二月七日になって、明け渡しに応じた。これによって、世界が薄気味悪がったタリバンは組織としても壊滅し、地上から消えた。

タリバンの去ったあとのカブールには、解放感が溢れていた。市民たちは、戻ってきた北部同盟を全面的に信頼していたわけではなかったが、解放軍として迎えた。タリバンによって閉鎖されていた映画館が再開され、禁止されていたテレビ放送も始まった。家の中に閉じこめられていた女たちは外に飛び出し、男たちは、タリバンの強制で伸ばしていた髭を剃った。こうした光景が示すのは、タリバンが国民の支持をすでに失っていたということである。タリバンは九六年に実効支配を開始したころには、内戦で混乱した国土の秩序回復者として、国民に歓迎された。だが、その狂信的施策は、決して受け入れられなかったことを、タリバンから解放された人々は示した。

米国が軍事作戦を開始する前には、タリバンを主要都市から排除することは軍事的に容易であるにしても、その後、山岳部などで、しぶといゲリラ活動を継続する可能性もあると考えられていた。もし、そうなれば、アフガニスタンの歴史が示すように、戦争は、終わりの知れない不透明な将来を創出しただけだったろう。だが、そうはならなかった。タリバンは、毛沢東理論の言う「水を得た魚」としてゲリラ活動を継続するための住民の支援を失っていたからだ。しかも、アフガニスタン周辺諸国は、パキスタンを含め、タリバン打倒でまとまり、外部からの支援を受ける道も断たれていた。

それでは、カンダハールを明け渡したあと、タリバンの兵士たちはどこへ消えてしまったのだろうか。実は消えてはいない。同じパシュトゥン人の他の勢力へ移ったのもいれば、家に帰ったのもいる。多くは出身地であるカンダハール周辺で、カラシニコフ自動小銃を持ったまま生活しているのである。タリバンとの戦争は終わったが、平和も来ていない中途半端な状態、ある意味で最もアフガニスタン的な状態の中に、タリバン兵士たちは吸い込まれていった。

一九九二年に、パシュトゥン人の小さな村のモスクに集まった純朴な田舎の若者達の世直し運動は、パキスタンに利用され、ビンラーディンとアル・カーイダに関わって、世界の注目を浴びるようになった。米国同時テロの発生で、彼らが見たこともない外部世界のすべてが敵となって攻めかかってきた。この戦争の最大の目的であったビンラーディンの捕獲、アル・カーイダの殲滅を達成する前に、アフガニスタンの新たな不安定要因を生むのではないかと、米国政府も当初は躊躇していたタリバン政権の打倒が、最初に達成されてしまった。

良くも悪くも安定を司っていたタリバンが消滅し、アフガニスタンは無政府状態へ回帰した。タリバンが退却したあと、カンダハール支配を確立したのは、九四年一一月にタリバンによって追い出されるまで、軍閥として悪名の高かった当時の知事グラガ・シャラザイであった。首都カブールでは、タジク人のイスラム協会が支配基盤を固めていた。北部はドスタム、西部はイスマイル・ハーン、中央高地はハザラ人という支配の構図が、タリバン政権崩壊とともにできあがった。これは、タリバンが武力による勢力拡大を開始した九四年一一月以前の構図とまったく同じである。米英軍の近代兵器を駆使した大規模な軍事作戦は、タリバンを地上から消すと同時に、時間を七年間逆戻りさせた。

Ⅸ章　平和がほしい

写真提供：日本・アフガニスタン協会

にわかに脚光をあびたザヒル・シャー

九月一一日の米国での同時テロ発生直後から、ビンラーディンが首謀者と指摘され、アフガニスタンへの米国による報復攻撃実施は時間の問題とみられていた。そうなれば、タリバン政権の倒壊は確実であり、アフガン人にとっては、突然生まれた新情勢への対応を検討することが、火急の課題となった。

そのとき、にわかに脚光を浴びたのは、一九七三年七月のクーデターで、三九年間に渡る国王の座を失ったザヒル・シャーだった。この時点で八六歳の高齢である。クーデターの直前にアフガニスタンを離れ、以来、イタリアのローマで政治とは離れて静かな生活をおくっていたが、統一と安定を保つことができる新国家を樹立するための求心力になりうる人物として、まず注目されたのだ。

ザヒル・シャーは、七三年以来、一度も帰国したことはなかったが、過去にも何度か復帰の可能性を論じられたことがある。最初は、ソ連軍が侵攻したあとの八〇年代初め、ムジャヒディン各勢力がばらばらに戦い、統一行動をとれなかったころである。当時、アフガン人の中からは、まとまりのないアフガン人をひとつにできるのは、ザヒル・シャーしかいないという意見が様々な形で出ていた。だが、それは政治プロセスとして発展するまでには至らなかった。その次に名前が出たのは、九二年に政権を掌握したムジャヒディン勢力同士が内戦を開始し、国連が和平を実現しようと仲介に乗り出したときだった。これも内戦の混乱、タリバンの登場で消えた。しかも、ザヒル・シャー自身に再び国政に関与する意思があるのどうかさえ明確ではなかった。

だが、今回は過去とまったく事情が異なっていた。第一に、米軍が軍事行動を起こせば、貧弱な軍事力のタリバン政権が吹き飛ばされるのは間違いなく、そのあとに政治的空白が生じることも確実だった。

第二に、ザヒル・シャー自身が、国民和解の新政府作りに積極的なイニシアチブを取る意思を明確に表明していたことだ。

ザヒル・シャーが動き出した重要な要因は、おそらくビンラーディンの存在と関わっている。米国は、一九九八年八月のナイロビとダルエスサラームの米国大使館同時爆弾テロ首謀者をビンラーディンとみなし、関係のある施設があるアフガニスタンとスーダンにミサイルによる報復攻撃を加えた。九九年には、国連がアフガニスタンに経済制裁を課し、アフガニスタンは国際的に孤立し、国内では依然としてタリバンと反タリバン勢力の戦闘が続き、国民生活は疲弊する一方だった。ザヒル・シャーはこの年初めて、アフガニスタンの平和と統一を実現するための「ローヤ・ジルガ」開催を公式に提案した。

「ローヤ」とは、パシュトゥン語で「大きい」、「ジルガ」とは「集会」の意味で、日本語では「国民大集会」と訳されている。パシュトゥン部族社会の伝統的共同体で起きる様々な問題を裁定するジルガを国のレベルまで拡大したものである。国家にとって重要な決定を行う際に、国王が全国から、部族長、地方行政機関代表、長老、有力者などを召集する。アフガニスタンの歴史では、一七四七年の国家樹立自体がローヤ・ジルガで決められた。一九二二年にアフガニスタン初の憲法の草案を討議したとき、その二年後に憲法が承認された際にも、ローヤ・ジルガが召集された。ザヒル・シャーは一九六四年に、絶対王制から立憲君主制に移行する民主憲法を制定し、それまで慣習法的な存在だったローヤ・ジルガを憲法で明文化した。

だが、その後、クーデターで王政を倒し共和制を敷いたサルダル・ダウドも七六年に、共和国大統領として、ローヤ・ジルガを召集し、自らの権力基盤を固めるための新憲法制定、大統領再選を決定した。このときは、ダウドの礼賛者がカネで集められ開かれた。また、その後の共産政権も、その正当性を誇示するためにローヤ・ジルガを召集した。

ローヤ・ジルガの意味は時代とともに変遷してきた。現在の意味は、国民の代表が集まって、対等の立場で、新国家建設の基盤を作るための討議をする会議である。ザヒル・シャーも、国王としてローヤ・ジルガを呼びかけたのではなく、また、自分が国王に復帰する意図も示さなかった。あくまでも、ローヤ・ジルガ開催に貢献するという立場にとどめていた。したがって、ザヒル・シャーの復帰に反対する勢力も、アフガニスタンの将来を決めるために、ローヤ・ジルガを開催するという点に関しては、異論はなかった。

ローヤ・ジルガ開催を実現しようとする動きは、ザヒル・シャーとともに、主としてヨーロッパ在住のアフガン知識人が推進していた。ひとつは、地中海のキプロスを拠点とし、イランの支援を受けたグループである。キプロスが拠点となったのは、イラン人がビザなしで行ける最も近いヨーロッパで、テヘランからの直行便で飛べる国だったからだ。このグループには、北部同盟の勢力も関与していた。キプロス・グループが二〇〇〇年九月に、首都ニコシアで開いた会議には、タリバンも代表を送り、米国、イギリス、ドイツ、ロシアからもオブザーバーが同席した。

もうひとつは、ザヒル・シャーが居住するローマを拠点とするグループである。ローマ・グループは、ローヤ・ジルガは、公正な選挙による正統政府の樹立と円滑な権力委譲を目的とし、ザヒル・シャーの役割は、このプロセスを監督するに留め、その後は表には出ないとの方針を出していた。そして、新国家の根本原則として、(1)国家の基本はイスラム教(2)政治的自由、アフガニスタンの領土的統一(3)人権尊重(4)周辺国との友好関係……などを示していた。

ザヒル・シャーについては批判もあった。ソ連軍に対する抵抗闘争で、なんらの役割も果たさず、ジハードへの支持も表明しなかったからだ。ザヒル・シャー自身が、高齢による体力的弱点を持ち、国家再建という激務に耐えられないのではないかという不安もあった。また、このグループには西欧的知識人が多く、西欧的価値をアフガン人に押し付ける傾向があるという反感もあった。もっとも、ヨーロッパを拠点とする人々は、国内に残っている人々や難民たちと異なり、有産階級出身者が多く、概して西欧化していた。

こうしたヨーロッパ・グループのほかに、パキスタンのアフガニスタン国境に近いペシャワルの難民や旧ムジャヒディン勢力が形成するペシャワル・グループも、ローヤ・ジルガ開催を推していた。

これら海外を拠点とするグループには、方針の大きな違いはなかった。国連や米国も将来のアフガニスタン和平の可能性を探るために、水面下の接触を保っていたが、彼らの動きは国際的にほとんど報道されていなかった。だが、米国同時テロによって、突然、脚光を浴び、ローヤ・ジルガ開催による新政権作りという考えは、タリバン後のシナリオを描く上でのグランド・デザインとなった。

タリバン後の構想

米国は軍事作戦の準備を進める一方、ザヒル・シャーとの交渉開始も早かった。九月二五日には、代表をローマに派遣し会談した。また北部同盟とも連絡をとった。国連は、事務総長コフィ・アナンが一〇月三日に、元アルジェリア外務大臣ラクダル・ブラヒミをアフガニスタン担当の特別代表に任命し、タリバン政権崩壊後の事態への準備に入った。ブラヒミは、国連代表として、それ以前にもアフガニスタン問題に関わっていた専門家である。米国大統領ブッシュは、アフガニスタン新国家の枠組み作りは国連に任せるべきだとの考えを示し、その後、国連と米国は密接な連携を取りながら、タリバン後の構想を検討していった。

その構想は、ローヤ・ジルガを開催して、すべてのアフガン人が認める正式政府を発足させるという結論は明確だが、その過程及び、それに参加する人・組織の選択、その間の治安維持など、ローヤ・ジルガに至るまでのプロセスの設定に困難さがあった。アフガニスタンが分裂していた大きな理由は、まさに、アフガン人たちが、それを設定できなかったところにある。国連、米国をはじめとする国際社会は、まとまれないアフガン人を短期間にまとめるという大きな責任を担わされた。

構想固めに入るや否や、まず、タリバンを政治プロセスに参加させるべきかどうかという問題に直面した。

タリバンが勢力を拡大できた背景には、パキスタンの全面的な援助があった。パキスタンはタリバンを押し立てて、自国に友好的な政権をアフガニスタンに樹立することができた。パキスタンにとって最悪の事態は、タリバン後に敵対的な政権がカブールに登場することであり、それだけは回避したい道筋だった。パキスタンは、政治プロセスにタリバンの中の穏健派を参画させ、自国の影響力を将来も維持することを狙った。米国はアフガニスタンでの軍事行動の出撃地点をパキスタンに確保する代償のひとつとして、パキスタンの主張を受け入れて、タリバン穏健派参画を支持した。だが、北部同盟、ザヒル・シャー派、イラン、インド、ロシアなどは、タリバンの参画を全面的に拒否した。この問題は、パキスタンを納得させることが鍵であり、結局、パキスタンが緊密な関係を持つことが可能なパシュトゥン人を尊重するということで妥協が成立した。

新たな統治機構が発足するまでの治安維持も難しい課題だった。多くの勢力が重武装しているアフガニスタンで、従来のＰＫＯ（国連平和維持活動）では太刀打ちできない。タリバン政権打倒に派遣された米軍が駐留して治安の全面に出るのは論外だ。外国支配に神経質になっているアフガン人は、米軍を占領軍と見なしかねないからだ。いかなる外国軍でもアフガニスタンでの任務に不安は残るが、多国籍軍の駐留が国際社会の総意となった。

政治プロセスをまとめる中心になったブラヒミに、多くの時間はなかった。一〇月七日には英米軍によるアフガニスタン空爆が始まり、一一月一三日、予想を越えた早さでカブールが陥落した。この緊急事態で招集された国連安全保障理事会で、ブラヒミは「急転回する情勢に対応するため、暫定政府を樹立するための緊急支援が必要だ」と訴え、そのプロセス案を示した。

この案は、新政府樹立まで二年間を見込み、そこに至るまでのプロセスを五段階に分けたものだった。第一段階で、あらゆる民族、宗教代表などが参加する暫定評議会を設置する。二〇〇〜三〇〇人で構成する暫定国会の性格を持つ。第二段階では、暫定評議会が、暫定内閣にあたる評議理事会を選出し、第三段階で、評議理事会が国連監視のもとで、緊急ローヤ・ジルガを招集し、移行政府を設立する。第四段階で、正式のローヤ・ジルガを開催し、新憲法草案を策定し、最終段階で、憲法を制定し、正式政府を発足させる。

だが、この案では、第一段階で設置する暫定評議会の構成員を選出するだけで、かなりの時間を浪費するのは明らかだった。タリバン政権が崩壊し、権力の空白状態が長引けば、カブールに入城した北部同盟による支配が固定化する恐れが現実化していた。このため、一一月二〇日には、民主的な手続き上必要な第一、第二段階を緊急措置として削除し、いきなり暫定内閣を発足させる案を提示し、その実現のために、アフガン主要勢力による政治協議を開催すると発表した。

この会議は、アフガニスタン国内で開催されるのが本来の姿であったが、首都カブールは北部同盟の支配下にあり、中立の場所ではなかった。最終的に、アフガニスタン支援国会合の議長であるドイツのボンで開催されることになった。

一一月二七日、ボン郊外のライン川を見下ろす山の頂上にあるドイツ外務省ペータースベルク迎賓館で政治協議は開始された。この会議には、国内で対タリバンの戦争を担ってきた北部同盟、ザヒル・シャーを頂くローマ・グループから、それぞれ一一人、キプロスとペシャワルのグループからは、それぞれ三人、四つのグループ全員で二八人が出席した。国連特別代表ブラヒミは仲介者として参加した。このほか、米国、ドイツ、ロシア、日本、中国、インド、イラン、パキスタンなど一八か国と欧州連合（ＥＵ）の外交官がオブザーバーとして臨席した。米国は、主催国ドイツを別にすれば、外交団では最大の二〇人を派遣し、合意を実現しようとする圧力を加える構えをみせた。

会期は当初、三日ないし五日とし、合意達成へ向け、時間的なたがをはめた。だが、協議は事前に予想された通り難航し、会期内には成果は出なかった。

会議には、四つのグループが出席したが、実際には、北部同盟とザヒル・シャー派の主導するその他のグループという二つの陣営が対立する駆け引きの場となった。それは、会議場に場所を移した内戦とも言える状況だった。つまり、両陣営の将来における支配力の争奪戦になったのである。

北部同盟は、この会議を象徴的な初会合の場として終わらせ、二回目を彼らの支配下にあるカブールで開催しようとしていた。それによって、時間稼ぎができ、北部同盟による国内支配をより確実にできるばかりでなく、カブール開催によって主導権を握ることができるからだ。ザヒル・シャー側は、その逆である。ボンで合意を達成し、早急に亡命者の立場を捨てて政権に参画したかった。

両者は元首の立場の人物についても対立した。名目的に大統領であるラバニは当然、実質を伴う地位を回復したかった。ザヒル・シャーも、国王としての復帰は考えていなかったが、元首としての帰国を夢見ていたのは明白だった。

治安維持の多国籍軍駐留は、各勢力間の衝突を排除し、平和の基盤を作るために欠かせないが、北部同盟には、その存在そのものが自分たちの影響力低下につながりかねないだけに、受け入れに抵抗し、治安はすでに十分保たれていると主張した。

双方は、暫定機構を創設するという点と正式政府発足のためにローヤ・ジルガを開催することでは一致していたが、それぞれの思惑はぶつかりあった。

アフガン人同士だけの会議であったなら、確実に決裂で終わっただろう。だが、ボンでは、国連と各国からの多数の外交官の存在という国際的圧力がそれを許さなかった。北部同盟には、妥協しなければ経済援助は実現しないと脅迫まで加えた。

北部同盟の変化と暫定行政機構の発足

こうした緊迫感が続く中で、北部同盟の中に変化が生まれた。それは、ある種のクーデターじみた政変だったのかもしれない。北部同盟の最高指導者ラバニは、カブールに滞在し、ボン会議での妥協を拒んでいたが、ボンに代表団長として出席していた内務大臣ユヌス・カヌニは、柔軟な対応が必要だと考えていた。カヌニは北部同盟の中で実力をつけていた若い世代の指導者の一人であり、国際感覚も身につけていた。会議開始から四日目の一一月三〇日の段階で、ラバニの指令を無視して、独自に交渉を進める態度を表明した。ラバニに対しては、国連も直接電話をし、説得にあたっていた。結局、ラバニが折れて、交渉は劇的に進展した。それと同時に、ラバニの指導力の低下も露呈した。

会期を大幅に延長して、会議八日目の一二月四日未明、四つのグループは、新政府設立のプロセスを定めた協定案に合意し、翌五日正式に調印した。

合意内容は、事前にブラヒミが示していた案に非常に近いものだったが、ラバニとザヒル・シャーの双方が、このプロセスでの重要な役割から外されたところに、妥協の産物であることが読み取れる。

調印された協定によると、二〇〇一年一二月二二日に「暫定行政機構」を発足させる。発足とともに、ラバニ政権から権力を委譲される。この機構は内閣にあたり、首相に相当する議長一人、副首相に当たる副議長五人、閣僚となる二四人の計三〇人で構成する。議長には、ザヒル・シャー派のパシュトゥン人、ハミド・カルザイが選ばれた。カルザイは、五人の国王を輩出した名門ポパルザイ族の出身で、父親はザヒル・シャー統治時代に国会議長を務めている。米国留学の経験があり、英語に堪能で米国が将来の指導者として期待していた人物である。

北部同盟の内務大臣カヌニ、外務大臣アブドゥラ、国防大臣ムハマド・ファヒムは、新機構でも、その重要ポストに座ることになった。三〇人の構成は、勢力、民族のバランスを配慮し、過半数を越える一七人を北部同盟が占めた。民族別では、パシュトゥン人一一人、タジク人八人、ハザラ人五人、ウズベク人三人となった。また女性閣僚二人が誕生し、タリバン支配下で抑圧された女性への配慮を示した。

この暫定行政機構と緊急ローヤ・ジルガ招集を準備する特別委員会、最高裁判所の三機関によって暫定政権が構成される。

緊急ローヤ・ジルガは、暫定政権発足から六か月以内に開催され、移行期の統治機構を作り、その後一年半以内に新憲法制定のためのローヤ・ジルガを招集する。新憲法に基づき、半年以内に総選挙を実施し、正式政府を発足させる。全行程は二年半である。

ムジャヒディンなどの武装勢力については、すべて暫定政権の指揮下に入るとした。

多国籍軍の展開については、「国連安保理に権限を与えられた部隊」に早期に要請すると表現し、当初はカブール周辺を、のちに次第に活動を広げることも可能であると規定した。この表現は非常にあいまいであり、多国籍軍の展開に消極的な北部同盟に配慮した文言である。

一九七八年の共産政権誕生以来続いた内戦の歴史に終止符を打つための歴史的協定になるには、正式政府の発足まで待たねばならないが、アフガニスタンの将来に光明が射したのは間違いない。

暫定政権が発足するまでに、タリバンは消滅し、ビンラーディンに率いられたアル・カーイダの残党も、東部のパキスタンと接する険しい山岳地帯トラボラに逃げ込み、最後には抵抗をやめて姿を消した。ビンラーディン捕獲を最大の目的とした米国の軍事作戦の副産物として、アフガニスタンの新たな展望が生まれた。

和平実現の条件——アフガニスタンにおける民主主義の実験

だが、ボン協定調印の直後から、将来の国民和解の達成を危うくさせるような不安が、アフガニスタン国内では広がろうとしていた。ドスタムとイスマイル・ハーンは、協定でまとまった閣僚人事に不満を表明し、非協力的な態度を示した。カブールのイスラム協会は、派遣される多国籍軍を一〇〇〇人程度の小規模な象徴的存在にしようとした。国連、米国などの圧力で、五〇〇〇人規模の受け入れを認めたが、多国籍軍の活動に様々な制約が加えられる恐れが、たちまちのうちに現実的になった。

内紛を抱える国に、国連あるいは国際社会が積極的に関与した典型的な例は、一九九二年のカンボジアである。内戦を終わらせ、統一国家を作るために、国連のほか、周辺の東南アジア諸国連合（ＡＳＥＡＮ）、日本、オーストラリア、旧宗主国のフランスなどが、カンボジア各派を集め、和平会議を開催し、意見の違いを調整して和平協定を作成した。このときは、新政府発足までの期間、国連がカンボジアを直接統治し、ＰＫＯ部隊が大規模に展開された。国連関与の成功例とされるが、この和平は、国際社会がカンボジア各派を押さえ込み、強引に実現させた面もあった。いがみ合っていた各派が完全に和解したわけではなく、国際社会が監視の目をゆるめると、過去の対立が蒸し返される恐れがつねにあった。実際、九七年には政府の主導権争いが武力衝突に発展した。

イスラエルとパレスチナの共存を目指して九三年に結ばれたオスロ合意も国際社会の圧力が大きく貢献した。強引な圧力で、双方の相手に対する不信感を押さえ込み、中東和平プロセスが開始された。だが、当事者の押さえられていた本音部分が次第に表面に出て、二〇〇〇年九月以降は激しい武力衝突に発展して、和平プロセスは実質的に崩壊した。

アフガニスタンの将来を決めたボン協定も、国際的圧力による達成という意味では、こうした過去の例とまったく同じである。とくに、合意達成に国連が全面的関与をしたという点で、カンボジアとの比較は意味がある。

国連はカンボジアに暫定統治機構を設立し、最高権力者となって、すべてを支配し、軍事部門は一万六〇〇〇人を擁していた。カンボジアの面積は一八万平方キロ、人口は一一〇〇万人程度であった。これに対し、アフガニスタンは面積は三・六倍の六五万平方キロ、人口は二・三倍の二五八〇万人である。国連は統治に直接関わることもない。カンボジアでは、国連支配下で各勢力の武装解除が行われたが、アフガニスタンでは、各地で独立支配を確立している勢力の武装解除を暫定政権が自らの手で実効しなければならない。多国籍軍の規模は、カンボジアの三分の一程度にしかすぎない。国際社会が強引に飲ませた合意を実現するための裏付けとなる「力」が、カンボジアと比べ貧弱すぎるのである。

暫定政権が発足した段階で、和平を実現しようとする当事者たちの堅固な意思を除けば、ボン協定を無意味なものにする要素は、有り余るほど存在した。

ラバニとザヒル・シャーの主導権争いも、ボン協定で解消されたわけでなく、先送りされただけである。この二人は本来、思想的に敵対関係にある。ザヒル・シャー国王時代の一九六〇年代、ラバニはイスラム運動を開始した。ザヒル・シャーは当時、ラバニの名前すら知らなかったろうが、ラバニが運動を始めた要因は、国王の近代化政策への強い反発であった。

ザヒル・シャーは貧しいアフガニスタンを発展させるために、西欧型の近代化を推進していた。隣りのイランでパーレビが進めていた近代化と共通するものがある。急速な近代化は、伝統やイスラムの慣習と衝突し、一部の特権階級を太らせ、貧富の格差を生むというマイナス面を伴った。イランではホメイニが活動を開始し、一九七九年に王政が倒され、イラン革命が成就された。

ザヒル・シャーはパーレビのような専制的独裁者ではなかった。逆に、性格は柔和で、むしろ優柔不断と揶揄されるほどだった。民主的君主を目指し、一九六四年には、絶対王制を廃止し、西欧型民主主義に基づいた立憲君主制に移行する憲法を発布した。伝統と保守性に縛られたアフガニスタンに、西欧的価値観を注入して新しい国家を創ろうとしたのである。カブールの街には、大胆な西欧ファッションの若い女性があふれ、しゃれたバーやレストランも開店した。その一方、伝統とイスラムの教えのもとで暮らしてきた人々は、こうした光景を退廃ととらえた。ラバニは、アフガニスタン社会が、伝統と西欧化という二つの価値で二極分化の気配を示したときに、多感な青春時代を過ごした。

イスラム教の最高権威であるカイロのアルアズハル大学に留学したラバニは、エジプトで生まれたイスラム原理主義運動「ムスリム同胞団」の思想に引かれ、アフガニスタンでのムスリム同胞団運動の創始者の一人となり、七三年には、その最高指導者に選ばれた。目標は、イスラム国家樹立であり、王政打倒であった。今でも、ラバニの思想は基本的には変わっていない。

一方のザヒル・シャーも変わっていない。西欧型近代化の推進が発展の最前の道と考えている。彼の支持者たちは長くヨーロッパで暮らして、外国語を流暢に使いこなし生活スタイルも西欧化している。土着のアフガン人には外国人に見えるかもしれない。

ラバニの指導力はかつてほど強くなく、ザヒル・シャーは高齢で実務は無理だろう。だが、二人に代表されるイスラムと近代化という潮流は、どこかで衝突する恐れがある。双方とも、新国家の基礎はイスラム教という点では一致しているが、それを名目的な統一の象徴にとどめるのか、イスラム法を現実の法体系に組み込むのか。

ラバニも近代化は否定しない。近代化は、アフガニスタンを支配する伝統社会と調和したものでなければならない。歴史が示すのは、そのバランスが崩れるとアフガニスタンは混乱に陥るということだ。一九一九年に王位に就いたアマヌラー・ハーンは、近代トルコ建設に成功したアタチュルクに刺激され、急速な近代化に着手したが、部族の反乱に遭い、山賊に政権を奪われた。一九七八年にクーデターで生まれた共産政権も、土地改革、女性解放など社会主義的近代化を一気に進めようとして、激しい抵抗運動を引き起こし、現在につながるムジャヒディン勢力を生んだ。

国際社会は、ボン協定で生まれた暫定政権を支えるために、莫大な経済援助を注ぎ込むことになった。その使い方は決して容易ではない。かなりの部分は確実に、不明朗に消えていく。これは、こうした国への援助の「必要経費」なのだ。そのカネは、政権指導部の一部を肥え太らせ、利権をめぐる内部対立を生む。実際の援助は、長い戦乱で破壊されたインフラ整備に重点的に回される。電力配給、道路修復、教育施設建設、病院整備などが、その対象になる。これらの事業は地方の利権を生む。

だが、こうした様々な障害を乗り越えて、中央政府が主導権を握って復興を推進し、国民福祉の向上に貢献しなければ、国家統一を標榜する権威は、求心力を獲得することができない。分裂と混乱への逆戻りである。

アフガニスタンの混乱を生む根源的原因が、その社会のあり方にあるとすれば、持続する平和を可能にする社会変革も必要になる。アフガニスタンでは建国以来、中央政府が国土の末端まで権威を浸透させたことはない。統一された近代的国民国家が、姿を見せたことはないのだ。各地に部族を中心とした小宇宙が存在し、人々は、その自己完結した世界に生きていた。部族間の戦争は古くからの伝統だった。二〇年以上続いた戦乱は、部族間、あるいは、もっと細分化された地域間の対立、亀裂を深めた。

統一国家の形成が平和実現の基礎とするなら、人々が国民であるという意識を作らねばならない。過去の近代化政策は、それに失敗し伝統社会と衝突しただけだった。だが、部族社会の従来からの価値観が維持されるかぎりは、統一の大きな妨げになるのも確かだ。

ボン協定が示したアフガニスタンの将来に関して、最も注目されるのは、イスラム世界では画期的な「民主主義」の導入である。正式政府発足までのプロセスは、すべて民主的手続きを踏むことになった。アフガニスタン周辺諸国の中では、ハタミ政権を生んだイランが最も民主化が進んでいる。だが、法治国家の確立にまでは至らず、ハタミに代表される政府と、政府を超越した最高指導者の間に権限のあいまいさを残し、政治的不安定を引き起こしかねない対立が続いている。北隣の旧ソ連中央アジアには、独裁国家が並び、ペルシャ湾岸のサウジアラビアなどの産油国は、王族たちに支配され、民主主義からはほど遠い政治体制にある。八〇年代から九〇年代にかけて、中東イスラム世界で、過激なイスラム原理主義運動が勃興した背景には、非民主的な体制下で、貧富の格差などから生じる社会的欲求不満が解消されずに鬱積し、そのはけ口として過激主義が支持されたからだ。

だが、過激なテロ活動は一般のイスラム教徒が好むものではなかった。当局の厳しい弾圧で過激主義が力を失うと、人々はイランのハタミに目を向けた。ハタミの主張する「市民社会の実現」「法の支配の確立」「民主化」が、新しい改革の合言葉となっていった。ハタミ改革は、ホメイニの唱えたイスラム革命輸出と同様に、中東独裁国家の指導者たちには、イランからの新たな脅威になりうる力を持った。

アフガニスタンの民主化は、イランに続くインパクトを与える可能性を持つ。まず、「イスラム国家における民主化」という概念が非民主的イスラム国家の人々に思想的影響を与えるだろう。そして、それが成功すれば、周辺諸国の独裁者たちに深刻な脅威になるだろう。

だが、アフガニスタンで民主主義の実験が成功する保証はまだない。民主主義がアフガニスタンに定着したことは、まだないからだ。ザヒル・シャー時代の実験では、国会が議員の乱闘場と化し、政治的混乱を助長した。ザヒル・シャー以降は、秘密警察による国民監視、政治犯の大量逮捕と拷問が日常化し、血生臭い弾圧の時代が続いた。ソ連軍侵攻、内戦の時代は、大量虐殺、即決処刑が慣行となった。民主主義の基礎となる個人の自由な思考を生むための教育は制度そのものが崩壊し、文字を読めない国民が多数を占め、民主主義が何かも理解できない人々が多い。カンボジアや東ティモールでも同じだった。国連は民主主義教育から開始したが、アフガニスタンでも必要だ。そのうえで、アフガニスタンに果たして、本当に民主的な政府が誕生するのか。民主主義が、むしろ対立と混乱を生むという可能性にも対処しなければならない。

アフガニスタンの分裂は、外国からの干渉にも責任がある。アフガニスタン史は干渉の歴史でもある。ロシア帝国と大英帝国による介入、ソ連の南への影響力拡大策、パキスタンの様々な工作、アフガニスタンは一九世紀以来、つねに外国からの干渉にさらされ、それが国内の不安定要因となった。

一九八九年にソ連軍が撤退したあとは、パキスタンの干渉が突出していた。パキスタンの干渉がイランを刺激し、両国がそれぞれ敵対する勢力に軍事援助を続け、内戦を助長した。パキスタンのアフガニスタンへの関心は、最大の潜在敵国であるインドに対する「戦略的深み」を確保するところにある。軍事力で対抗できないパキスタンは、インドの侵略を受けたとき、アフガニスタンに後退し、抗戦する戦略を確立しようとした。そのためにはアフガニスタンをパキスタンの友好国にしなければならない。パキスタンの敵対国になれば、インドと挟撃される形になり、最悪の地政図となる。

パキスタンの干渉を終わらせるには、インド・パキスタン関係が改善されなければならない。現状の両国関係が続くなら、パキスタンが再びアフガニスタンに干渉する余地を作るだろう。アフガニスタンの平和実現には、アフガン人自身の努力ばかりでなく、南アジア全体の構図を安定に向かわせるという国際的努力も必要なのである。

暫定政権の誕生だけで、アフガニスタンの将来を決して楽観的に見ることはできない。依然として、平和を確実にするために多くの難問を解決しなければならない。この美しい大地は、あまりに多くの血を吸い込んだ。歴史を変えるときが来たのだ。

X章　アフガニスタン復興に向けて

写真提供：共同通信社

日本が最大の援助支出国

二〇〇一年一月二一日には、東京で「アフガニスタン復興支援閣僚級会議」が開催された。長い内戦で疲弊したアフガニスタンの復興を国際的に支えていこうとする会議であった。暫定行政機構議長のカルザイも会議に出席し、外交面での国際デビューを果たした。この会議に先立ち、国連開発計画と世界銀行、アジア開発銀行は、アフガニスタンが今後一〇年間に国際社会から必要とする支援額を一〇〇億ドルないし二〇〇億ドルと概算し、東京会議直前には約一五〇億ドルという数字を出した。アフガニスタンの人口を二五〇〇万人とすると、年間一人当たり四〇―八〇ドルの援助額を受けることになる。

東京会議では、参加各国が拠出を約束した今後数年間の援助資金総額は、四五億ドルに達した。このうち、一年目の二〇〇二年の援助額は一八億ドル以上となり、会議は十分な成果をあげた。主催国日本が、二年半で五億ドルを約束したほか、米国が一年で二億九六〇〇万ドル、サウジアラビアが三年で二億二〇〇〇万ドル、欧州連合（ＥＵ）が一年で五億ドル、イランが一年で一億ドルを表明した。復興事業が続くにつれ、今後、日本への財政的依存はさらに高まっていくだろう。

国際機関が過去、紛争後復興を行ったケースの年間援助額は、レバノン一億六四〇〇万ドル、カンボジア三億四二〇〇万ドル、ルワンダ四億四三〇〇ドル、モザンビーク一〇億五九〇〇万ドルである。アフガニスタンは年間では、一〇億〜二〇億ドルとなり、史上最大の紛争後復興支援となる。この大プロジェクトは世界にとっても未知の領域なのだ。

復興コストの内訳は次の通りである。

教育一・九億〜二・五億ドル、保健二・三億〜二・九億ドル、道路一・五億〜二・五億ドル、エネルギー二・〇〜二・八億ドル、通信〇・四億〜〇・六億ドル、地雷対策一・七億〜二・〇億ドル、農業一・五億〜一・九億ドル、雇用創出（公共事業）二・二億ドル〜三・二億ドル、コミュニティ・サービス〇・九億ドル〜一・四億ドル、都市部インフラ整備一・二億〜一・七億ドル、住居〇・七〜一・一億ドル。

この他、治安・司法、経済運営・財政、公共部門運営、民間部門への支援を検討していたが、この時点で額は未定だった。

この巨大な「復興支援」は、実は、復興支援という名のもとに、新しい国家をゼロから建設するに等しい事業である。

タリバン政権が崩壊した直後の二〇〇一年一一月二七日に、国連開発計画、世界銀行、アジア開発銀行は、イスラマバードで「アフガニスタン復興準備会議」を開いた。ボンでの暫定政権作りの政治プロセスと並行する経済プロセスである。東京会議開催への予備段階での会合だったが、ここで復興支援の枠組みが作られた。イスラマバード会議では、まさに、新国家の基礎をいかに作るかが話し合われた。内戦後のアフガニスタンは、行政機構、財政基盤、経済インフラ、それらを支える国民の教育など、国家の基本となるものがまったく存在していないと言っていい状態だったからだ。イスラマバード会議が示した枠組みは、今後のアフガニスタン復興の基本指針になるだろう。

イスラマバードでは、新しい国家を作り上げていくために、まず当面の危機を克服し復興の足がかりをいかに作るかが検討された。このテーマに関して、いくつかの作業部会が設けられた。

第一は、農業再建・食糧安全保障部会である。アフガニスタンでは深刻な飢饉が続いており、直ちに必要なものは食料確保だった。また、農業はアフガニスタンの基本産業であり、国家再生の第一歩でもあった。短期的には、農業生産の回復、外部からの供給による食糧確保、地域社会を基礎とする食糧の配給を確立することとした。中期的には、生産の拡大、農業以外の雇用創出、灌漑施設の再建をあげた。そして長期的には、持続可能な秩序立った発展を目指すこととした。つまり、農業を基礎から立て直すのである。

第二は、地域社会部会である。アフガニスタンの地域社会は長い内戦でずたずたに引き裂かれた。本来の伝統的ハーモニーも失われた。平和を実現するために、人々が安心して生活できる伝統に基づく地域社会の復興の重要性に、この部会は焦点を当て、それへの支援策を協議した。国家は、国民が住む地域社会の集合体であり、草の根の部分から国民社会を育てようというのだ。

第三は、戦闘員の動員解除を討議した部会である。アフガニスタンには国中に様々な武器が浸透し、軍閥が割拠している。内戦の直接的要因である軍事化した社会の改革は、平和の実現に非常に重要だ。この問題には、政治的微妙さもあり、実行の困難さが認識された。

第四は、帰国難民、国内避難民の生計と雇用の確立を検討した部会だ。国外の四〇〇万人近い人々、国内を彷徨う一五〇万にのぼる人々の生活確保が容易でないことは明らかだ。

この他、民間部門、公共部門の再建、一〇〇〇万個と推計される地雷の速やかな除去なども当面の課題として取り上げた。

アフガン復興の課題

以上が、緊急に対応すべき問題として協議されたが、イスラマバード会議は、今後の国家建設のための社会発展への支援を掲げた。この分野でも作業部会が作られ、様々な課題を協議した。

まず、教育である。アフガニスタンでは、教育システムも崩壊した。タリバンに教育機会を奪われた女性を含むすべての国民が享受できる公的教育制度を再発足させねばならない。そのためには、教師の育成から開始しなければならない。会議は、支援計画の原則として、(1)教育・学習の機会を持つことは、すべての人の権利である(2)遠隔地に住む人々なども教育機会を得られるように、様々な選択肢を設ける(3)教育を発展と国家統一に貢献する手段とする——という三つの柱をたてた。

また、女性の復興における役割、社会参加の推進をあげた。タリバン時代以前から、都市部を除けばアフガニスタンでは、女性の社会的活動は伝統的価値観にそぐわないものとされていた。その意味で、女性の社会進出を推進することは、アフガニスタン社会の改革であり、重要な意味を持つ。

生活の基本となる健康の維持も課題となった。アフガニスタンでは、きれいな飲料水の供給が不十分で、国民の七五%への緊急の水供給が必要とされる。下水処理も同時に課題となっている。二〇〇一年段階で、安全な水の供給を受けているのは、国民の二三%にすぎず、下水施設にいたっては、わずか一二%である。公共医療施設も整っていない。妊産婦の一〇万人当たり死亡率は、一九九六年の調査で一七〇〇人に達している。ちなみに日本は六人である。

長期的な国家建設の基盤は、経済インフラの整備である。

アフガニスタンの道路延長は、内戦前の一九七八年段階で一万八〇〇〇キロだったが、ほとんどが改修の必要がある。イスラマバード会議の報告によると、それだけでは戦後復興に十分ではなく、さらに三万キロの道路建設が必要と推計した。

アフガニスタン経済の基幹となる農業の復興には、灌漑施設を充実する必要がある。現存する灌漑システムの半分は改修しなければならないと会議参加者は推計した。優先事項は、アフガニスタン伝統の地下水灌漑施設カレーズの復旧にあるという点で、会議は一致した。また、電気、通信施設の早期復旧、さらに、その拡大も支援対象となった。

復興プロジェクトが目指すものは、国家としてアフガニスタンが成立しうる最低限の社会的、経済的インフラを築き上げることだろう。ひとつの後発国の経済発展、近代化を国際社会が総がかりで実現しようとする事業である。

「近代化」という視点で見れば、これまでに触れたように、アフガニスタンは何度も試み、伝統的社会に価値観を置く大多数の国民の反発を買い、失敗を繰り返してきた。復興支援は、新たなアフガニスタン近代化への取り組みととらえると、その困難さが見えてくる。

復興支援は、女性の役割の重要性を強調している。二〇〇一年一二月に発足した暫定行政機構には三人の女性が閣僚として入った。タリバンの女性抑圧策の反動であり、また、新生アフガニスタンの民主性を世界にアピールする狙いもあったろう。過去の近代化でも、「女性解放」が取り上げられた。問題は、これまでの近代化政策の失敗の原因のひとつを作ったのも、女性解放だったことだ。

タリバンは極端な政策をとったが、アフガニスタンの農村部では、いまだに女性は家の中にいるべきであり、外にでかけるときはベールでからだを覆うのを当然としている。一九七八年に共産政権に対し、ジハードが宣言され内戦に突入したときは、女性への学校教育拡充、ベール廃止などの解放政策が火を付けた。アフガニスタンでは、社会的価値観と近代化のバランスをとることが非常に難しいのだ。

殺し合いをなくすために、全土に行き渡っている様々な武器を回収することも伝統的価値と衝突するだろう。アフガン人は生まれながらの戦士であることを誇りとし、名誉のために死ぬことに美学を持っている。

農業の基礎である灌漑にしても、国際機関なり、政府が主体となって事業を進めようとすれば、カレーズを中心にまとまっている伝統の閉鎖的村社会と衝突する恐れがあろう。

アフガニスタンには、多すぎるほどの失敗からの教訓がある。復興事業＝近代化は、アフガン人の価値観を尊重しつつ、彼らのペースと必要に合わせて進めなければならない。過去、近代化は、西欧的価値観の押しつけととらえられ失敗した。それを回避するには、繊細な政策実行能力が必要だ。近代化とは本質的に、ある程度の西欧化を避けて通れないからだ。とくに、世界銀行、国債通貨基金（ＩＭＦ）が、一部の国で実施したような、新古典派経済哲学に基づく市場原理主義の一律的押し付けは、通用しないだろう。復興事業自体が、新たなジハードを勃発させる事態だけは避けるべきである。

あまりに長い内戦だった。戦い続けたアフガン人は、世界中の誰よりも強い厭戦気分も持っている。平和への強烈な期待を抱いているのだ。今後のアフガニスタンで、なによりも確実に信頼できるのは、皮肉にも、戦争が醸成した彼らの平和願望かもしれない。

あとがき

一九九八年五月、インドが核実験を行ったのに対抗して、パキスタンが、核拡散を憂慮する国際世論を無視して、初の核実験を強行した。実験前のパキスタン国内では、インドに敵愾心を持つ国民に感情的なナショナリズムが高まり、当時のナワズ・シャリフ首相に対し、核実験実行の強い圧力となった。私は、首都イスラマバードと隣接するラワルピンディの街中を歩いて、「普通の人」の意見を聞き集めていた。イスラマバードでの政治家や学者のインタビューでの高尚な意見に聞き飽きていたからだ。

ラワルピンディは、路上に食料品、日用雑貨などの露店がひしめき、雑然さと熱気が混じり合う典型的な貧しい国の都市である。若い物売りたちの何人かは、勇ましく「インドと戦争だ」と気負い込んだ。そのとき、私たちの会話を横で聞いていた果物売りの男が話しかけてきた。

「戦争なんて、もうたくさんだ」

彼はアフガン人だという。ソ連軍が侵攻していた時代、ムジャヒディンとして戦闘に加わっていた。だが、長引く内戦に嫌気がさして、パキスタンに渡ってきた。おそらく、正式の難民申請などしていなかったろう。いつしか、パキスタン社会に溶け込み、バナナを売って家族を養う生活になっていた。身をもって戦争を体験し、貧しくとも生きていくことを選んだ薄汚い身なりの男が、「戦争はいやだ」と言った。なんとも、ずっしりと重く響く言葉だった。戦争について、私たちはアフガン人の前では生半可なことは語れない。

テヘランに駐在していたとき、イラン人の友人が経営する工場で働いている若いアフガン人に会った。一九八七年のことである。友人は、彼が不法入国者と知って雇っていた。勤勉で正直で、よく働くからだ。彼は冬の間だけ、パキスタン経由でイランにやって来て働き、夏はアフガニスタンに戻ってムジャヒディンとして、戦闘に従事すると言った。いわば、季節労働者兼ムジャヒディンである。

この男が、自分の将来の夢を語った。イランで稼いだカネでトラクターを買って、それを運転して故郷に帰りたいと言うのだ。私と友人は、とてもおもしろい冗談だと思って大笑いした。だが、直ぐに彼が見果てぬ夢について語っていることに気付いた。彼の村は戦争で農地が荒れ果て、耕作ができなくなった。「平和が来たら」、トラクターを持って帰って農地を復活させたいと言いたかったのだ。平和についても、アフガン人は私たちより、はるかに重く考えている。

アジアと中東で、ジャーナリストとして、私はいくつもの戦場となった国を訪れた。死をいつも意識している国の人々の顔は輝いている。おそらく、生を懸命に考えるからだろう。だが、ジャーナリストは所詮、第三者の他人であり、そんな場所で死にたくはない。それでは、なぜ、そんな場所に行くのかと言えば、ジャーナリストは死肉をあさるハイエナだからとは考えたくない。戦場は怖い。何度か行って、命を守る小賢しい知恵を身につけても怖い。「怖くない」と言うジャーナリストがいたら、それは単なる強がりでしかない。それでも怖いところには引きつけられる。

きっと、そこでは、人間が、むきだしの人間性で生きているからだと思う。そうしないと生きていけない。そして、その飾りようもなく生きている姿が美しいのだ。

そうだとすれば、平和とは何か。平和な国の人々は美しくないのか。アフガニスタンの人々が渇望している平和とは、少なくとも、私たち日本人をはじめ先進国の人間が満喫している虚飾の世界ではない。本当の平和とは何かを考えるとき、アフガニスタンの歴史と人々は、私たちに何かを教えてくれそうな気がする。

アフガニスタンで平和への実験が始まった。私は、その行方をこれからも、じっとみつめていきたい。

この本は、花伝社の社長平田勝さんが企画したものである。9・11事件が起きたとき、私は南太平洋フィジーで、快適な夏休みを楽しんでいた。その日、泊まっていたバックパッカー向け安ホテルのロビーにあるテレビの前に、外国人旅行者たちが群がっているのに気が付いた。それから連夜、彼らと酒を飲みながら「世界」について語りあった。外国人のほとんどは欧米人だった。彼らのアフガニスタンに関する知識も、平均的日本人とさして違わなかった。つまり、よくわからないのだ。多少の知識がある私は、経験をまじえて、彼らバックパッカーを相手に、即席アフガニスタン講座を開くはめに陥った。その「講義録」が、まだ頭の中にあるうちに、偶然、平田さんからの執筆依頼があった。この本ができあがったのは、そんな僥倖の賜物でもある。

日本・アフガニスタン協会からは多くの貴重な写真を提供して頂き、感謝にたえない。

また、シルクロード一帯の地域を中心に活躍する世界的写真家・並河萬里さんは、彼が一番好きだというバーミヤンで撮影した写真を表紙の装丁のために、快く提供してくださった。本の内容が、すばらしい表紙の写真に負けるのではと、少々不安でもある。現在静養中の並河さんがヒンズークシの山々に早く姿をみせることを祈りたい。

アフガニスタン年表

＊紀元前五万〜二万年　石器時代。
＊紀元前三〇〇〇〜二〇〇〇年　青銅器時代。
＊紀元前二〇〇〇〜一五〇〇年　北からアーリア人侵入。
＊紀元前六〇〇年ごろ　バクトリアでゾロアスター教生まれる。
＊紀元前三二九年　アレキサンダーがバクトリア征服。
＊紀元前二〇〇〜一六〇年　ギリシャ人支配のバクトリアが栄える。
＊紀元五〇年ごろ　クシャン朝のカニシカ王がアフガニスタンを支配。
＊四〜六世紀　バーミヤンの石仏が作られる。
＊六三〇年　玄奘三蔵がインドへ向かう途中にバーミヤンを訪れる。
＊六五二年　アラブ人がイスラム教とともにアフガニスタン侵入。
＊九六二年　ガズニ朝樹立。
＊一二一九年　チンギスハン、アフガニスタンに到達。
＊一二七三年　マルコ・ポーロ、アフガニスタンを通過。
＊一三七〇年　ティムール、アフガニスタンを支配下に置く。
＊一四五一年　アフガン族、インドのデリーに攻め込む。
＊一七二二年　イランのサファビ朝崩壊。
＊一七四七年　アハマド・シャー、カンダハールでサドザイ朝のアフガニスタン王国を樹立。
＊一八一八年　イギリスの圧力で、サドザイ朝倒れる。モハマドザイ朝が王国を引き継ぐ。
＊一八三八年一二月　イギリス、アフガニスタンへ軍事侵攻開始。第一次アフガン戦争始まる。
＊一八四二年一月　イギリス軍撤退。
＊一八七三年　ロシア帝国、アフガニスタンとの国境画定。
＊一八七八年一一月　イギリス、アフガニスタンへ軍事侵攻。第二次アフガン戦争。
＊一八八〇年　イギリス、アフガニスタンを保護領とし、軍を撤退。
＊一八九三年　イギリス、アフガニスタンとインドの国境を画定するデュランド・ラインを引く。
＊一九一四年　第一次世界大戦勃発。
＊一九一七年　ロシア革命。
＊一九一九年五月　アフガニスタン、イギリスに宣戦布告。第三次アフガン戦争。
＊一九二一年一二月　アフガニスタン完全独立。
＊一九二九年一月　バッチャ・イ・サカオの反乱。
＊一九二九年一〇月　ナディル・シャー、政権掌握。

＊一九三四年一〇月　ナディル・シャー、凶弾に倒れる。ザヒル・シャー、王位に就く。

＊一九四一年一〇月　アフガニスタン、第二次世界大戦での中立宣言。

＊一九四七年　パキスタン独立。

＊一九五三年　ダウド、首相就任。

＊一九五七年　グラム・モハマド・ニアジ、カブール近郊で、ムスリム同胞団活動開始。

＊一九六三年　ザヒル・シャー、ダウドを首相から解任。

＊一九六四年一〇月　ザヒル・シャー、立憲君主制へ移行する憲法発布。

＊一九六五年　人民民主党が誕生。

＊一九七〇年　グルブディン・ヘクマティヤル、カブール大学で「ムスリム青年」を結成。

＊一九七三年　ヘクマティヤル、毛沢東主義者殺害の容疑で逮捕、釈放後パキスタンへ逃亡。

＊一九七三年　ニアジの影響で生まれた組織「イスラム運動」の最高指導者に、ブルハヌディン・ラバニ選出。

＊一九七三年五月一三日　ソ連最高幹部会議長ポドゴルヌイ、カブール訪問。

＊一九七三年六月二五日　ザヒル・シャー、目の治療名目でカブール出発、ローマ滞在開始。

＊一九七三年七月一七日　ダウド、人民民主党と協力し、クーデターで政権掌握、王政を廃止し共和制へ。

＊一九七三年八月二三日　ザヒル・シャー、ローマから退位を表明。

＊一九七四年　ラバニ、弾圧を避けパキスタンへ逃亡、アハマド・シャー・マスードと出会う。

＊一九七五年　ヘクマティヤル、モハマド・ユヌス・ハリスとともに、「イスラム党」を結成。まもなく両者は分裂。

＊一九七七年　ダウド、人民民主党と決別し、弾圧開始。

＊一九七七年四月　ダウド、モスクワを訪問しソ連共産党書記長ブレジネフと会談、決裂。

＊一九七八年四月二七日　人民民主党、武装蜂起。

＊一九七八年四月二八日　宮殿で、ダウドとその一族一八人が銃の乱射で死亡。

＊一九七八年四月二八日　人民民主党、政権掌握。革命評議会議長にヌール・モハマド・タラキ。社会主義政策を打ち出す。

＊一九七八年七月　タラキ政権への反乱が各地で始まる。

＊一九七八年　「イスラム運動」、改称して「イスラム協会」。

＊一九七九年三月　ヘラートで、共産主義政権に対する大規模反乱発生。

＊一九七九年九月一四日　アミン、タラキを倒し政権掌握。

＊一九七九年一二月二四日　ソ連軍アフガニスタン侵攻開始。

＊一九七九年一二月二七日　ソ連軍、カブール攻撃開始。アミン、殺害される。カルマル、政権掌握を発表。

＊一九七九年一二月二九日　ソ連軍、カブール制圧。
＊一九七九年一二月　ビンラーディン、アフガニスタンへ。
＊一九八四年　ビンラーディン、「マクタブ・アル・キダマト（MAK）」を、アブダラー・アザムとともに、ペシャワルに創設。
＊一九八六年五月　カルマル、人民民主党書記長を辞任、ナジブラが就任。
＊一九八六年一一月　カルマル、革命評議会議長から更迭。
＊一九八七年九月　ナジブラ、革命評議会議長に就任。
＊一九八七年一一月　ナジブラ、大統領に就任。
＊一九八八年　ビンラーディン、アザムと対立、「アル・カーイダ」を創設。
＊一九八九年　アザム暗殺される。
＊一九八九年　ソ連軍アフガニスタンから完全撤退。
＊一九八九年　ビンラーディン、サウジアラビアに戻る。
＊一九九〇年三月　国防大臣シャー・ナワズ・タナイ、ナジブラ政権打倒クーデター未遂事件。
＊一九九〇年八月　イラクがクウェートを武力統合。
＊一九九一年一月　多国籍軍がイラクへの空爆開始。
＊一九九一年二月　多国籍軍、地上軍投入。イラク軍敗走。
＊一九九一年　ビンラーディン、サウジからスーダンへ移住。
＊一九九一年一二月　ソ連崩壊。
＊一九九二年一月　アルジェリアで、アラブ・アフガニの参加した内戦に突入。
＊一九九二年　エジプトのイスラム過激組織がテロ開始。
＊一九九二年　ボスニア内戦激化。
＊一九九二年四月一一日　ムジャヒディン勢力、カブール攻勢開始。
＊一九九二年四月一五日　大統領ナジブラ、国連の保護下に。
＊一九九二年四月一八日　ムジャヒディン勢力、カブール制圧。
＊一九九二年四月二五日　ムジャヒディン一〇組織による暫定評議会発足。
＊一九九二年五月六日　暫定政府発足。
＊一九九二年五月　ヘクマティヤル派、カブール砲撃開始、新たな内戦開始。
＊一九九二年　ラバニ、暫定評議会議長就任。
＊一九九二年　タリバン、活動を開始。
＊一九九三年一月　ラバニ、大統領就任。
＊一九九四年　サウジアラビア、ビンラーディンの国籍剥奪。
＊一九九四年　パキスタン政府、国内のアラブ・アフガニを国外追放。
＊一九九四年一〇月　タリバン、最初の大規模軍事行動を開始。
＊一九九四年一〇月～一一月　パキスタンのマドラサから多数の学生がタリバン支援。
＊一九九四年一一月三日　タリバン、カンダハールを支配。
＊一九九四年　トルクメニスタンからアフガニスタンを通ってパキスタンに至るパイプライン構想動き出す。

＊一九九四年五月　イエメン内戦に突入。
＊一九九五年九月　タリバン、ヘラート制圧。
＊一九九五年一〇月　リヤドの国家警備隊訓練施設爆破、米軍顧問四人が死亡。
＊一九九六年四月　米国務次官補ロビン・ラフェル、カンダハール訪問。八月にも。
＊一九九六年四月　モハマド・オマル、「アミール・アル・ムーミニーン」の称号得る。
＊一九九六年四月　米国務省南アジア担当次官補ロビン・ラフェル、カンダハール訪問（同年八月二度目の訪問）。
＊一九九六年五月　スーダン、ビンラーディンを国外追放、アフガニスタンへ。
＊一九九六年五月二九日　パキスタンがタリバン政権を承認、サウジアラビア、アラブ首長国連邦も続く。
＊一九九六年六月　ダーランの米空軍基地で爆弾テロ、米軍関係者一九人死亡。
＊一九九六年八月　ビンラーディン、米国に宣戦布告。
＊一九九六年九月　タリバン、カブール制圧。
＊一九九六年九月一一日　タリバン、ジャララバード制圧。
＊一九九六年九月二六日　タリバン、カブール奪取。ラバニ、マスードらは北部へ退却。タリバン、ナジブラを処刑。
＊一九九七年五月　タリバン、マザリシャリフ攻勢、失敗。
＊一九九七年一〇月　タリバン、新国名「アフガニスタン・イスラム首長国」と発表。
＊一九九七年一一月　ルクソールで観光客への無差別テロ、日本人一〇人を含む六二人が死亡。
＊一九九八年二月二三日　ビンラーディンら、米国へのジハードを開始するファトゥワを宣告。
＊一九九八年五月二八日　ビンラーディン、「米国とイスラエルに対するジハードのための国際イスラム戦線」を結成。
＊一九九八年八月七日　ナイロビ、ダルエスサラームの米大使館同時爆弾テロ。米国人一二人を含む二六〇人が死亡。
＊一九九八年八月八日　タリバン、マザリシャリフ制圧。イラン人外交官殺害。
＊一九九八年八月　イラン、アフガニスタンとの国境に二〇万の兵力集結。
＊一九九八年八月二〇日　米国、報復の巡航ミサイル攻撃。アフガニスタンとスーダンへ。
＊一九九八年九月　サウジアラビア、アフガニスタンから外交官を全員引き揚げ。事実上断交。
＊一九九八年一〇月　米国連邦捜査局（ＦＢＩ）、ビンラーディンの逮捕につながる情報に五〇〇万ドルの懸賞金を発表。
＊一九九八年一一月四日　ニューヨークの米連邦大陪審、ビンラーディンを被告不在のまま、殺人共謀罪などで起訴。
＊一九九九年二月三日　米大使館テロ後初めて、タリバンと米国政府がイスラマバードで接触。

＊一九九九年三月　米国、国連事務総長アナンに「アフガニスタン国内のテロリストがいるとみられる施設に、事前通告なしで、米国が軍事行動を取る可能性がある」と通告。
＊一九九九年八月　米社ユノカル、パイプライン計画を無期限延期。
＊一九九九年一一月一四日　国連タリバン経済制裁発動。
＊一九九九年一二月一三日　米国、タリバンに「ビンラーディンによる、いかなるテロにもタリバンが直接責任を持つとみなす」と通告。
＊二〇〇〇年一月一六日　タリバン、チェチェン共和国を独立国家として承認。
＊二〇〇〇年七月　タリバン、ケシ栽培全面禁止。
＊二〇〇一年二月二六日　タリバン最高指導者オマル、偶像破壊の布告（三月八日バーミヤンの巨大石仏破壊完了）。
＊二〇〇一年九月八日　北部同盟司令官マスード暗殺される。
＊二〇〇一年九月一一日　米国同時テロ。
＊二〇〇一年九月一一日　ニューヨーク株式市場閉鎖（一七日に再開）。
＊二〇〇一年九月一四日　タリバン最高指導者オマル、ビンラーディンの同時テロとの関係を否定。
＊二〇〇一年九月一五日　オマル、「米国の攻撃に協力する国には報復する」と警告。
＊二〇〇一年九月一六日　タリバン外相ムタワキル、ビンラーディンの保護継続の方針を示す。
＊二〇〇一年九月一六日　パキスタン大統領ムシャラフ、米国の軍事行動への協力を約束。
＊二〇〇一年九月一八日　パキスタン、タリバンへ政府代表を送り、ビンラーディン引き渡しを説得したが失敗。
＊二〇〇一年九月一八日　タリバン、ビンラーディン問題で評議会開催、身柄引き渡しを認めず。
＊二〇〇一年九月二〇日　米国大統領ブッシュ、ビンラーディンとタリバンに対する戦争を宣言。
＊二〇〇一年九月二一日　タリバン、ビンラーディンの引き渡しを正式拒否。
＊二〇〇一年九月二二日　アラブ首長国連邦、タリバン政権と断交。
＊二〇〇一年九月二四日　ビンラーディン、カタールの衛星テレビ「アル・ジャジーラ」を通じ声明を発表。
＊二〇〇一年九月二五日　サウジアラビア、タリバン政権と断交。
＊二〇〇一年一〇月一日　米国、アフガニスタンでの軍事作戦準備が完了と宣言。
＊二〇〇一年一〇月三日　国連アフガニスタン担当特別代表にブラヒミが任命される。
＊二〇〇一年一〇月七日　米英軍、アフガニスタン空爆を開始、戦争に突入。

＊二〇〇一年一〇月二〇日　米軍、地上戦を開始。
＊二〇〇一年一一月九日　北部同盟、マザリシャリフを制圧。
＊二〇〇一年一一月一三日　北部同盟、カブール奪還。
＊二〇〇一年一一月二七日　ボンでアフガン各派による政治協議開始。
＊二〇〇一年一二月五日　ボン政治協議、暫定政権樹立で合意し、協定に調印。
＊二〇〇一年一二月二二日　暫定政権がカブールで発足。

*Text of Fatwah Urging Jihad Against Americans, Al-Quds al-Arabi newspaper, February 23, 1998
*Terrorist Attacks on America, Center for Nonproliferation studies, cns.miis.edu/research/wtc01/alqaida.htm
*Afghanistan, the Taliban and the United states-The Roll of Human Rights In Western Foreign Policy by Nafeez Mosaddeq Ahmed, January 2001, www.afghan-politics.org
*Al-Qa'ida(the Base)-Maktab al-Khidamat(MAK-Services Office) International Islamic Front for Jihad Against theJews and Crusaders, www.ict.org.il
*US Policy in Afghanistan: Challenges and Solutions, The Afghanistan Foundation White Paper, www.afghanistanfoundation.org
*Global IDP Database-Afghanistan, the Norwegian Refugee Council
*Afghanistan, Landmine Monitor Report 2001, the Mine Action Program for Afghanistan, United Nations
*Afghanistan-Annual Opium Poppy Survey 2001, United Nations International Drug Control Programme(UNDCP)
*AFGHANISTAN COUNTRY BRIEF-Drug Situation Report September 2001, U.S Drug Enforcement Administration
*"Preparing for Afghanistan's Reconstruction" November 27-29,2001 A Conference Co-hosted by the UNDP,World Bank and ADB, http://www.worldbank.org/af

*Facts About Taliban translated by Shaukat Zamani by Online Center for Afghan Studies, www.afghan-politics.org
*The Roll of Afghanistan in the fall of the USSR by Afghanistan Online,www.afghan-web.com
*THE SOVIET WAR IN AFGHANISTAN: HISTORY AND HARBINGER OF FUTURE WAR? by General(Ret) Mohammad Yahya Nawroz, Army of Afghanistan & LTC(Ret) Lester W. Grau, U.S Army, United States Army Foreign Military Studies Office, Fort Leavenworth, Kansas, USA
*The Afghan Vortex by Elie Krakowski, The Institute for Advanced strategic & Political Studies, Jerusalem, Israel
*The New Encyclopaedia Britanica, Encyclopaedia Britanica, Inc.
*Hezb-e-Islami Afghanistan, www.hezb-e-islami.org
*History of Hazara Community, boozers.fortunecity.com
*THE CONSTITUTION OF AFGHANISTAN, www.afghan-web.com
*The Pathan of South Central Asia, www.bethany.com
*Gran Hewad Afghanistan(Pashtun Lifestyle), www.geocities.com
*Pashtuns Of Afghanistan, www.afghan-network.net/
*Women and Girls in Afghanistan, Department of State, USA, March 10, 1998
*Women in Afghanistan: The violations continue, Amnesty international, June 1997
*The Plight of Women and Health Care in Afghanistan by Zieba Shrish-Shamley, Ph.D, Women's Alliance for Peace and Human Rights in Afghanistan
*Who is Who in Afghanistan today?, Afghan Politics, www.afgan-info.com
*Who is Who of Afghanistan, Institute for Afgan studies, www.institute-for-afghan-studies.org
*INTERVIEW OSAMA BIN LADEN(May 1998) by John Miller, ABC, www.pbs.org
*Interview With Mujahid Usama Bin Laden, Nida'ul Islam magazine,October-November 1996)

参考文献

＊モハマッド・ハッサン・カリミ著、読売新聞外報部訳『危険の道　秘史アフガニスタン侵略』（読売新聞）
＊岩村忍著『世界の歴史　第12巻　中央アジアの遊牧民族』（講談社）
＊東京大学西南ヒンドゥークシュ調査隊編集『アフガニスタンの水と社会』（東京大学出版）
＊青木一夫訳『全訳　マルコ・ポーロ東方見聞録』（校倉書房）
＊アッリアノス著、大牟田章訳『アレクサンドロス大王東征記』（岩波文庫）
＊アハメド・ラシッド著、坂井定雄・伊藤力司訳『タリバン』（講談社）
＊読売新聞掲載のアフガニスタン報道（1979～2001年）

*TALIBAN CHRONOLOGY Compiled by Qazi brothers, www.afghan-web.com
*LOYA JIRGA AND THE PRESENT DAY AFGHANISTAN BY Dr.Bahar Shah, www.issi.org.pk
*Tradition Versus Ideology in Afghanistan by Juma Khan Sufi, WEEK-END POST by Frontier Post, Pakistan, Dec.16,1999
*Loya Jirga, The Afghan Traditional Grand Assembly by Institute for Afghan Studies, www.institute-for-afghan-studeis.org
*Chronological History of Afghanistan by Afghan Online, www.afghan-web.com
*Afghanistan, The Soviet Invasion and the Afghan Response, 1979-1982 by Hassan Kakar,UNIVERSITY OF CALIFORNIA PRESS
*Contemporary Afghanistan-The Last Sixty Years(1919-1979), From the book:"The Price of Liberty: The Tragedy of Afghanistan" by Sayed Qasim Reshtya, Bardi Editore, Rome Italy(1984)
*The World Factbook-Afghanistan by Central Intelligence Agency, USA
*Afghanistan-CRISIS OF IMPUNITY-The Role of Pakistan, Russia and Iran in Fueling the Civil War by Human Rights Watch, July 2001

鈴木雅明（すずき　まさあき）

1948 年　東京生まれ
1970 年　学習院大学法学部卒
1971 年　読売新聞記者
1979 年　ジャカルタ特派員（83 年まで）
1986 年　テヘラン特派員（88 年まで）
1989 年　バンコク特派員（92 年まで）
1994 年　カイロ特派員（96 年まで）
1997 年　イスタンブール特派員（99 年まで）
現　在　読売新聞解説部記者

さまよえるアフガニスタン

2002 年 3 月 15 日　初版第 1 刷発行

著者 ——鈴木雅明
発行者 —平田　勝
発行 ——花伝社
発売 ——共栄書房
〒101-0065　東京都千代田区西神田 2-7-6 川合ビル
電話　03-3263-3813
FAX　03-3239-8272
E-mail　kadensha@muf.biglobe.ne.jp
http://www1.biz.biglobe.ne.jp/~kadensha
振替 ——00140-6-59661
装幀 ——廣瀬　郁
カバー・写真 —並河萬里
印刷 ——中央精版印刷株式会社

ISBN4-7634-0381-8 C0022